全周期视域下
超大城市韧性治理研究

王海蓉／著

本书获2022年成都市哲学社会科学项目『全周期引领超大城市韧性治理研究』（2022AS034）资助

西南财经大学出版社

四川·成都

图书在版编目(CIP)数据

全周期视域下超大城市韧性治理研究/王海蓉著.成都:西南
财经大学出版社,2024.9. --ISBN 978-7-5504-6406-3

Ⅰ.F293

中国国家版本馆 CIP 数据核字第 2024KJ4886 号

全周期视域下超大城市韧性治理研究
QUANZHOUQI SHIYU XIA CHAODA CHENGSHI RENXING ZHILI YANJIU

王海蓉　著

责任编辑:李　才
责任校对:周晓琬
封面设计:何东琳设计工作室
责任印制:朱曼丽

出版发行	西南财经大学出版社(四川省成都市光华村街55号)
网　　址	http://cbs.swufe.edu.cn
电子邮件	bookcj@swufe.edu.cn
邮政编码	610074
电　　话	028-87353785
照　　排	四川胜翔数码印务设计有限公司
印　　刷	成都国图广告印务有限公司
成品尺寸	170 mm×240 mm
印　　张	13.5
字　　数	223 千字
版　　次	2024 年 9 月第 1 版
印　　次	2024 年 9 月第 1 次印刷
书　　号	ISBN 978-7-5504-6406-3
定　　价	68.00 元

前　言

　　现代城市是一个具有生命特征的复杂巨系统，是人类文明发展的结晶，也是美好生活的重要载体。但随着技术的进步和经济社会的发展，城市承载越来越多的人口、经济、文化、创新功能的同时，潜在的危机与风险点也增多。超大城市经济体量巨大，系统结构和运行机制极为复杂，使得城市的发展过程面临众多前所未有的不确定性及脆弱性，而韧性城市是应对"黑天鹅式风险"的必然选择。根据住房和城乡建设部于2023年10月公布的《2022年城市建设统计年鉴》，全国共有超大城市10个，分别为上海、北京、深圳、重庆、广州、成都、天津、东莞、武汉、杭州。这些超大城市面临的不确定因素和未知风险不断叠加。突发性传染病、恐怖袭击、火灾、洪灾、极端气候灾害等传统和非传统安全风险相互交织，呵护城市健康体格、增强城市韧性，成为未来城市规划建设的必选项。实现超大城市的韧性建设和韧性治理是超大城市当前重要的发展路径。韧性建设是为了使超大城市内部具有抗压性和提高抵抗风险的能力，是超大城市的"肌体"，其主要包括经济韧性、基础设施韧性、社会韧性和生态韧性四个维度。而超大城市的韧性治理是为了使超大城市运行更加高效，其中"韧性"是相较于传统的"刚性"而言的，分为三个阶段——工程韧性、生态韧性和演进韧性，是超大城市的"血液"。韧性城市建设一方面要从"硬件"入手，打造坚实基础；另一方面，要形成城市的"软件"支撑，提升城市文化的品格，通过打造创新、有活力的城市文化，从整体上凝聚居民的共识，涵养成熟的民众心态，提高居民综合素质。

　　本书以社会学、经济学、人口学和生态学等学科为研究视角，一方面基于全周期理论、韧性理论，探索超大城市韧性建设和韧性治理的城市发展路径，构建超大城市韧性建设的指标体系，最终形成超大城市韧性研究结论；另一方面以全周期理论和韧性理论贯穿超大城市发展研究全过程，通过前期、中期和后期三个阶段的时效性和内在逻辑性构建超大城市的基本框架。

当前，韧性城市为我国城市公共安全治理现代化提供了可资借鉴的全新理论资源，韧性城市建设是实现新时代我国城市公共安全治理现代化的战略选择。但是，韧性城市理论及其相关实践为优化城市韧性建设提供了新视角和新路径，但仍存在诸多瓶颈和障碍。当然，韧性城市理论也没有根据城市的独特性构建系统全面、科学合理、可操作强的韧性城市研究框架、建设标准和评估方法，因此，亟须紧密结合城市特点推动并深化韧性城市理论与实践的本土化研究。目前，多数学者集中于对韧性城市的概念解读以及指标体系的本土化研究，但对于评测模型与实证分析方面的研究较少。下一步，作者会根据成都的具体情况，进行模型与实证分析研究，为本土超大城市韧性研究提供有价值的研究样本。

王海蓉

2024 年 5 月

目　录

第一章 绪论

第一节 研究背景

一、新阶段新格局下时代发展要求

习近平总书记在党的十九届五中全会第二次全体会议上的重要讲话《新发展阶段贯彻新发展理念必然要求构建新发展格局》指出，新发展阶段就是全面建设社会主义现代化国家、向第二个百年奋斗目标进军的阶段。进入新发展阶段，是中华民族伟大复兴历史进程的大跨越。构建新发展格局是事关全局的系统性、深层次变革，是立足当前、着眼长远的战略谋划，是适应我国发展新阶段要求、塑造国际合作和竞争新优势的必然选择。

（一）新目标

《中共中央关于制定国民经济和社会发展第十四个五年规划和二〇三五年远景目标的建议》明确了"十四五"时期经济社会发展的六大主要目标：经济发展取得新成效、改革开放迈出新步伐、社会文明程度得到新提高、生态文明建设实现新进步、民生福祉达到新水平、国家治理效能得到新提升。

（二）新挑战

当今世界正经历百年未有之大变局，在新发展阶段，将面对更多复杂多变的外部环境。同时，发展不平衡不充分问题仍然突出，实现高质量发展还有许多短板弱项。对这些困难和挑战、阻力和变数，要坚持用全面、辩证、长远的眼光去看待，趋利避害，奋勇前进。目前，新一轮科技革命和产业革命正在极速成长，世界进入以信息产业为主导的经济发展时期，核心技术竞争更加激烈，科技对经济发展的作用更加凸显，经济领域的马太效应持续发酵，全球发展失衡，南北差距、贫富差距还在扩大，领土纠纷、移民困局等问题此起彼伏。同时，随着世界各经济体越来越接近技术前沿，发展战略必须转向以创新为基础的战略。因此，国家的发展需要转向另一种增长模式，即创新型增长，这就对国家的发展提出了新的挑战。

（三）新发展理念

高质量发展是超大城市的应有之义。高质量发展的表现是经济发展更有效率、更加公平、更可持续、更为安全、更为绿色环保，社会、经济发展更为协调，也就是必须保证有一定的发展速度。高质量发展不一定是低速发展，高质量发展完全可以是高速发展。超大城市作为新发展阶段的排头兵，应积极为国家发展培育新动力、拓展新空间，推动国家朝着更高质量的方向前进。

二、城市安全是国家整体安全的重要组成部分

党的十九届五中全会通过的《中共中央关于制定国民经济和社会发展第十四个五年规划和二〇三五年远景目标的建议》提出："保障人民生命安全。坚持人民至上、生命至上，把保护人民生命安全摆在首位，全面提高公共安全保障能力。"习近平总书记多次强调，"始终把人民生命安全放在首位"。城市安全是国家安全和社会稳定的基石，也是衡量和检验政法工作成效的重要标准。

（一）城市安全是公共安全的重要组成部分之一

党和国家高度重视国家的公共安全。2015年5月，习近平总书记在中共中央政治局第二十三次集体学习时强调，要编织全方位、立体化的公共安全网。2015年12月习近平总书记在中央城市工作会议上强调，城市发展要把安全放在第一位。2017年10月，习近平总书记在党的十九大报告中指出，要加快推进国家治理体系和治理能力现代化，使人民获得感、幸福感、安全感更加充实、更有保障、更可持续。2019年1月，习近平总书记在省部级主要领导干部坚持底线思维着力防范化解重大风险专题研讨班上强调，要提高防控能力，着力防范化解重大风险。2012年10月31日，党的十九届四中全会公报指出，"要完善正确处理新形势下人民内部矛盾有效机制，完善社会治安防控体系，健全公共安全体制机制，构建基层社会治理新格局，完善国家安全体系"。2019年11月29日下午，中共中央政治局就我国应急管理体系和能力建设进行第十九次集体学习时，习近平总书记对应急管理工作提出具体要求："要健全风险防范化解机制，坚持从源头上防范化解重大安全风险，真正把问题解决在萌芽之时、成灾之前。""要适应科技信息化发展大势，以信息化推进应急管理现代化，提高监测预警能力、监管执法能力、辅助指挥决策能力、救援实战能力和社会动员能力。"2020年10月党的十九届五中全会通过的《中共中央关于制定国民经济和社会发展第十四个五年规划和二〇三五年远景目标的建议》指出，"统筹发展和安全，建设更高水平的平安中国"。

（二）城市安全是超大城市发展的重要前提

目前，我国城市化进程明显加快，城市人口、功能和规模不断扩大，发展方式、产业结构和区域布局发生了深刻变化，城市运行系统日益复杂，安全风险不断增大。但是，一些城市安全基础薄弱，安全管理水平与现代化城市发展要求不适应、不协调的问题比较突出。近年来，一些城市甚至大型城市相继发生重特大生产安全事故，给人民群众生命财产安全造成重大损失，因此，城市安全是保障城市发展的重要前提。城市安全要坚持生命至上、安全第一的原则，坚持立足成效、依法治理，坚持系统建设、过程管控，坚持统筹推动、综合施策。到2035年，城市安全发展体系更加完善，安全文明程度显著提升，建成与基本实现社会主义现代化相适应的安全发展城市。持续推进形成系统性、现代化的城市安全保障体系，加快建成以中心城区为基础，带动周边、辐射县乡、惠及民生的安全发展型城市，为把我国建成富强民主文明和谐美丽的社会主义现代化强国提供坚实稳固的安全保障。

（三）推进城市安全发展是民族复兴的重要根基

国家安全是民族复兴的根基，社会稳定是国家强盛的前提。当前和今后一个时期是实现中华民族伟大复兴的关键时期，也是我国各类矛盾和风险易发期，各种可以预见和难以预见的风险因素明显增多，各种风险挑战不断积累甚至集中显露。这是我国由大向强发展进程中无法回避的挑战。城市的现代文明，不仅要有鲜亮富丽的文化地标、整洁清新的优美环境，更要有底蕴深厚的安全文化和人民幸福安康的社会生态。城市安全发展的标志是全民安全意识与安全行为的高度统一，是政府安全规划与社会安全建设的有效引导，是城市安全运行与安全治理的科学协调。

（四）推进城市安全发展是实现治理体系和治理能力现代化的重要引擎

当前我国城市发展方式、产业结构和区域布局正在发生深刻变化，新材料、新能源、新工艺广泛应用，新产业、新业态、新领域大量涌现，流动人口多、高层建筑密集、经济产业集聚等特征越来越明显，城市运行系统日益复杂，城市安全新旧风险交织叠加。一些城市发生房屋坍塌、爆炸、洪涝、台风等重特大事故或自然灾害，严重危害人民群众生命财产安全。然而，目前城市安全整体监管体制未形成、法规标准体系不健全、社会共治处于初级阶段等诸多问题与挑战，亟须制定并落实城市安全发展战略，提升城市安全治理体系和治理能力现代化的高度。

三、生态文明引领未来社会经济发展的主旋律

人与自然应该和谐共生。无论是佛教的"爱物厚生"还是道家的"道法自然"，抑或是儒家的"天人合一"，都体现了尊重自然、顺应自然的发展理念。

（一）生态环境是人类生存和发展的基本条件

从 1972 年著名的《人类环境宣言》，到 1992 年联合国环境与发展大会通过的《21 世纪议程》，再到 2009 年全球瞩目的哥本哈根世界气候大会，都在向全世界宣告生态文明理念引领全球发展。联合国政府间气候变化专门委员会（Intergovernmental Panel on Climate Change，IPCC）发布了第六次评估报告的综合报告《气候变化 2023》（AR6 Synthesis Report：Climate Change 2023）（简称《报告》）详细阐述了源于全球温室气体排放不断上升的全球变暖所导致的毁灭性后果。全球气温已上升 1.1℃，世界各个区域均面临着前所未有的气候系统变化——从海平面上升、频发的极端天气事件到海冰迅速融化。气温的持续上升会进一步加剧这些变化。气候对人类和生态系统的影响远超预期，风险将随着气候变暖加剧迅速升级。气候适应措施可以有效增强气候韧性，但推行解决方案急需更多资金支持。根据 2022 年 6 月正式印发的中国《国家适应气候变化战略 2035》，至少已有 170 个国家将适应措施纳入气候政策。

面对如此严峻的生态危机形势，我国党和政府充分意识到了改善生态环境的紧迫性和重要性。早在 1998 年 3 月 15 日，时任国家主席江泽民在中央计划生育和环境保护工作座谈会上指出，"建设和保护良好的生态环境，是功在当代、惠及子孙的伟大事业"；党的十七大报告也指出要"建设生态文明，基本形成节约能源资源和保护生态环境的产业结构、增长方式、消费模式"；党的十八大以来，以习近平同志为核心的党中央站在全局和战略的高度，对生态文明建设提出一系列新思想、新战略、新要求，以前所未有的力度推进生态文明建设，生态环境领域改革向纵深推进，生态文明制度体系日臻完善，生态环境执法力度不断加大，生态环境质量持续好转，我国生态环境保护发生历史性、转折性、全局性变化，美丽中国建设迈出坚实步伐。习近平主席在《生物多样性公约》第十五次缔约方大会领导人峰会上发表主旨讲话指出：生态文明是人类文明发展的历史趋势；要以生态文明建设为引领，协调人与自然关系；要解决好工业文明带来的矛盾，把人类活动限制在生态环境能够承受的限度内，对山水林田湖草沙进行一体化保护和系统治理。

（二）城市化进程要与生态文明相辅相成

城市的出现是生产力发展到一定阶段的产物。城市作为人类文明创造的一种特殊组织机构，离不开生态环境的温床。古今中外，人类四大文明古国——古代埃及、古代巴比伦、古代印度、中国，分别对应着世界四大文明发源地，即尼罗河流域、两河流域、印度河流域、黄河流域。正是良好的生态环境才孕育出文明社会。然而，随着人类的发展，城市的出现又给生态环境造成了各种各样的影响。但是，自从工业革命以来我们进入了一个机器时代，工业革命极大地改变了人类世界。工业革命一方面为我们带来了无与伦比的财富和便利，另一方面也破坏了生态平衡。地球现在面临着许多挑战，诸如水、土壤和大气受到污染，森林锐减，气候变暖，臭氧层遭到破坏，大量的二氧化碳排放到室外。从 1750 年到 1900 年，全球二氧化碳排放量增加了约 19 倍，从约 30 亿吨增加到约 600 亿吨。其中绝大部分来自欧洲和北美洲等工业化国家。而全球平均气温也随之上升了约 0.8 摄氏度。正如在福尔摩斯故事中，我们可以看到工业革命时期英国城市的能源消耗情况。在《血字的研究》中，福尔摩斯和华生乘坐火车前往萨里郡调查案件时，华生描述道："我们穿过了一片片黑色、肮脏、沉闷、充满煤烟气味的郊区。"又如，在《四签名》中，福尔摩斯和华生乘坐汽车前往伦敦港时，华生描述道："我们沿着泰晤士河的南岸一路向东驶去，经过了一座座烟囱，它们不断地向空气中喷出浓浓的黑烟，使得整个天空都变得灰暗。"再如休·米勒对 1862 年的曼彻斯特所做的形容："没有别的东西似乎可以像厄威尔河那样最能够代表这个以制造业为主的大城市了……这条可怜的河流在几英里以外的上游还依然保留着美丽的面貌，两岸绿树成荫，河边上灌木丛生，但是当它流经工厂和染坊这些地方时就完全丧失了原本的风光……简直不能称为一条河,而是一条充满污水的明沟。"

城市和城市地区的快速扩张对环境产生了深远的影响,为可持续发展带来了挑战和机遇。联合国估计,到 2050 年,全球人口的 68%将生活在城市地区。世界卫生组织(WHO)报告称 99%的世界人口呼吸的空气超过安全限度,其中城市地区的比例明显更高。联合国估计全球范围内 80%的废水未经处理便流入河流和海洋,其中城市径流的占比很大。城市的快速发展可能会给基础设施和公共服务带来压力,加剧社会不平等,并导致环境不公正。

四、碳达峰碳中和战略对资源环境的要求

2019 年发布的《气候变化绿皮书》指出:1980—2018 年的近 40 年间,全球自然灾害事件发生次数从 249 次猛增到 848 次;与气象因素相关的天气灾害、水文灾害和气候灾害发生次数分别由 135 次、59 次和 28 次猛增到 359 次、382 次和 57 次。按照 2050 年全球平均气温上升 2℃~3.5℃的预测进行推断,城市现有的基础设施将面临极大压力。世界资源研究所的研究成果显示,全球 76%的城市对气候变化风险高度敏感,包括阿姆斯特丹、东京、纽约等城市在内的一些重要国际大都市都有可能在持续的海平面上升之中被直接抹去。80%的港口贸易将受极端气候影响:每年需增加的道路运营和养护成本将高达 80 亿美元。经济和社会民生中的不确定性影响着社会中的各个主体,对政府、企业和个人的活动都会带来严峻的挑战。因此,韧性将是一个更重要的特质,一个高韧性的社会将帮助我们应对、管理、利用不确定性,实现稳健发展。

(一)"双碳"战略彰显大国担当

城市化是工业化的重要成果。我国在"十四五"规划中提出要在 2025 年将中国常住人口城镇化率提升到 65%。在中国城镇化率提高的同时,城市化的格局和形态也在发生深刻变化,都市化(即大城市化)成为新型城镇化的主要形式。高速发展且规模庞大的城市,需要消耗工业原料、产生大量工业废料。2020 年 9 月,国家主席习近平在第七十五届联合国大会一般性辩论上郑重宣布:"中国将提高国家自主贡献力度,采取更加有力的政策和措施,二氧化碳排放力争于 2030 年前达到峰值,努力争取 2060 年前实现碳中和。"面对日益严峻的气候危机挑战,作为世界上最大的发展中国家,中国推进"碳达峰、碳中和",彰显了负责任大国的使命与担当,

意义重大，影响深远。

（二）"双碳"战略是实现高质量发展的重要抓手

党的二十大报告提出："高质量发展是全面建设社会主义现代化国家的首要任务。"习近平总书记指出："高质量发展，就是能够很好满足人民日益增长的美好生活需要的发展，是体现新发展理念的发展，是创新成为第一动力、协调成为内生特点、绿色成为普遍形态、开放成为必由之路、共享成为根本目的的发展。"习近平总书记强调"绿水青山就是金山银山"，要努力建设美丽中国，持续优化经济结构，加快产业转型升级步伐，

五、世界不确定因素交织频发

《2021 年可持续发展融资报告》显示，全球经济经历了 1990 年以来最严重的衰退，最脆弱的社会群体受到的影响最大。估计全球损失了 1.14 亿个工作岗位，约 1.2 亿人陷入了极端贫困。世卫组织总干事向第 76 届世界卫生大会提交的报告指出："仍有可能出现另一种变异株，导致新一轮疾病和死亡，出现另一种更致命的病原体的威胁也依然存在。"

第一，经济下行压力加大。如果将全球经济的观察区间拉长到 60 年的时间长度，我们就会发现，整个世界经济正处于低潮之中。从国家统计局发布的数据看，2023 年中国经济取得了积极进展，但是 2024 年中国经济仍需面对诸多挑战：全球经济将延续疲软态势，外部形势依然复杂严峻。全球货币过快收紧导致的高利率对经济活动的拖累加速显现，前期支撑主要经济体复苏的投资动力、超额储蓄带来的消费动力都面临后劲乏力问题，2024 年世界经济增长总体仍将延续疲软态势；经济发展中的重点领域风险仍须关注。中小银行存在"量多质弱"的特点，盈利能力和风险抵补能力普遍较弱。截至 2023 年，中国中小银行机构数量占比约为九成，但资产占比不足三成，城市商业银行、农村商业银行的不良贷款率远高于商业银行平均水平。2023 年、2024 年是城投债到期高峰年，在债券到期规模扩大、再融资难度加大、地方财政支持减弱等背景下，弱资质区域的尾部城投债违约风险仍需关注；微观主体对当下经济的信心不足，宏观数据与微观主体之间仍然存在"温差"。在失业率走高、房地产出现绝对规模的萎缩、部分信托资产爆雷、股票市场投资价值严重流失等多种因素叠加之下，家庭的现有财富严重缩水，他们没有充足的信心去消费，转而增加储蓄以防范风险。就业等直接关系个人获得感的指标依然有改善空间。出于

对未来需求不确定性的担忧，企业家没有足够的信心扩厂招员、加大研发投入，劳动力市场存在"求职难"与"招工难"并存的结构性问题，青年人群就业情况依然严峻。

第二，贫富差距拉大。世界银行最新的《贫困与共享繁荣报告》指出，2020 年暴发的新冠疫情造成了 1990 年以来全球减贫事业的最大挫折，疫情给贫困群体造成的伤害最大：收入最低的 40% 的人口承受的收入损失平均为 4%，是最富裕的 20% 的人口的两倍。结果就是全球不平等状况出现了数十年来的首次加剧。据联合国粮农组织发布的《2022 年世界粮食安全和营养状况》报告，自 2020 年起，全球受饥饿影响的人数大幅增加。2021 年较上年增加约 4 600 万人，自 2019 年以来累计增加了 1.5 亿人。贫富差距拉大对非洲和亚洲特定地区，以及低收入者、女性、儿童等本已处于弱势的群体造成了更为严重的伤害。

第三，科技创新变革。进入 21 世纪以来，全球科技创新空前密集、活跃。全球科技创新呈现六大趋势：科技创新受政治裹挟现象更加严重，大国竞争加快技术变迁和跃升，场景驱动加快科技应用和迭代升级，科技支撑经济社会转型的压力进一步增大，科技范式和科研组织方式进一步变革，技术、科学成为引领新科技革命的急先锋。这具体表现在以人工智能、量子信息、移动通信、物联网、区块链为代表的新一代信息技术加速突破应用，以合成生物学、基因编辑、脑科学、再生医学等为代表的生命科学领域孕育新的变革，融合机器人、数字化、新材料的先进制造技术正在加速推进制造业向智能化、服务化、绿色化转型，新一轮科技革命和产业变革正在重构全球创新版图、重塑全球经济结构。

第二节　研究意义

一、学术价值

风险社会下社区韧性治理，需要通过经济、政治、社会、技术等领域的研究构建起韧性社区的内涵，明晰社区安全韧性的构成、行为、目标和价值。本书将韧性城市规划理论、灾害治理理论、风险脆弱性理论、社会结构理论和社会资本理论相结合，提出社区韧性风险调控原理、治理路径，以及实现社区安全发展的模式。本书中会有政府、市场与社会之间的良性互动，涉及主观与客观、要求与实现、具体与抽象、局部与整体、动态与静态、当下与未来等各个系统，每一步的研究都要求做到坚持系统思维，将管理维度与各种要素有机结合；建立科学化、程序化、制度化、法治化、信息化、智慧化的"全周期管理"体制和机制，有效避免出现"头痛医头，脚痛医脚"的点状管理现象，以使整个管理过程凸显整体性、非线性、系统性、协同性、联动性等。因此，本课题的研究会提炼出更多的学术价值。

二、应用价值

我国城市发展迅猛，城市规模不断扩张，城市化水平显著提高，由此出现的城市病也给城市治理和城市发展带来了前所未有的困扰和挑战，这是一个亟待思考的现实问题。新时代探索超大城市现代化治理新路子，坚持系统观念，把握好"超大化"特性，在增强城市中市场和社会个体适应性、遵循城市整体规模效应递增特性之间，实现治理协同，促进功能耦合。尤其是"十四五"规划实施之际，更需要我们以全新的视角探索城市治理现代化的理路，助推 2035 年远景目标更好实现。

近年来，韧性理论被引入城市治理领域并成为新的学术增长点，特别是随着"韧性城市""韧性社区"研究与实践的日臻成熟，韧性治理被普遍认为是一种更具自主性、适应性和变革性的可持续治理思路，为社区应急管理的理念更新和实践拓展提供了新视角。据此，本研究以韧性治理为理论观察工具，采用个案研究法，尝试对城市社区应急管理过程中韧性治理的实现机制、关键挑战及实践转型做出系统性探析，以期对新常态背景下实现社区善治有所裨益。

第三节 研究思路及研究内容

一、研究框架

当今风险社会的冲击为城市的发展增加了更多的风险与危机，韧性强的城市能够在承受扰动的基础上，快速吸收这些扰动带来的不利影响，通过抵御、吸收、恢复、适应、学习进而做出恰当的调适并恢复到平衡状态。本书围绕"规划—建设—运行"全过程理念进行城市安全韧性研究，应对城市发展中的不确定性及脆弱性。具体有以下内容：

其一，构建城市安全韧性"铁三角"发展框架。本书在公共安全三角形模型基础上，提出了城市安全韧性三角形模型。其中，冗余性、多样性、多网络连通性、适应性主要体现为城市承灾系统的结构特点，协同性、快速稳定性、恢复力、学习力是安全韧性管理重点关注的功能特性。

其二，构建"全周期管理"理念引领城市安全韧性治理框架。按照"全周期管理"的理念，可以把城市基层社会运行和治理各环节作为完整链条，从全过程视角进行总体设计，把危机管理的意识、理念与方法融于日常管理之中，构建一个包含常态治理与非常态治理在内的城市基层全周期管理闭环，实现常态治理与非常态治理的无缝对接和一体化。具体而言，要形成一个前期预警准备、中期应对控制和后期总结复原的城市基层全周期管理闭环。在这样一个闭环中，前、中、后三个环节紧密相扣，各部门要做到权责明晰、科学配合，保证信息流通顺畅。

其三，构建城市安全韧性治理运行框架。在系统韧性治理上，立足长远主动消除各种潜在风险隐患。本着"框定总量、限定容量、盘活存量、做优增量、提高质量"的原则，进行城市安全经济社会发展总体规划。在协同韧性治理上，坚持"一主多元"的治理结构。其中，"一主"，即坚持党的领导，城市安全应提升社会韧性治理"一盘棋"的意识；"多元"，即充分发挥政府、经济组织、社会组织、社区工作者、志愿者和广大人民群众的积极性，共同参与城市安全社会韧性治理，打造共建共治共享的社会治理格局。在动态韧性治理上，建立健全风险预警与应急响应机制。具体说来，就是要完善城市安全重大风险源识别、报告、研判、预警机制。在精准韧性治理上，实现治理资源有效下沉：一是健全城市安全应急物资保障体系，二是引导治理资源有效下沉。在创新韧性治理上，有效利用现代科技手段。要建立和完善城市社会风险大数据信息监测预警平台，对城市海量信息进行分析研判，加强对城市社会风险的筛查和识别，形成最优的风险治理方案。

二、主要内容

本书从现实背景、文献资料、基础特征、理论研究、政策探索等多个环节，尽可能全面地阐释和探讨基于全周期视角下超大城市韧性研究的理论与实践。本书分为七章，各章主要内容如下：

第一章为绪论，引入本书的研究观点，为后续研究与写作工作做好铺垫；描述选题的时代背景、写作目标和现实意义，并对全书的思路框架、写作方法做出介绍。

第二章为本书的理论基础与文献综述。对本书的基本理论进行介绍，并给予述评，回顾国内外在全周期理念、超大城市、城市韧性建设、韧性治理领域的研究成果，并就理论演进、学科交叉、领域融合、实践应用等多个方面给出文献综述。

第三章介绍国内外超大城市存在的社会问题。梳理出问题存在的主要原因，存在的主要风险，超大城市内涵、特征，经典社会学家对于城市的观点，超大城市存在的风险演变过程，超大城市在城市化进程中衍生出的"城市病"，国内外典型超大城市"城市病"的表现形式，在此基础上总结经验、给出启示，并分析超大城市治理研究的必要性。

第四章介绍超大城市韧性建设的结构体系。该超大城市韧性分为经济韧性、社会韧性、基础建设韧性和生态韧性四个部分。

第五章借"他山之石"对国内外超大城市建设、韧性城市建设进行案例剖析。在总结经验的基础上找出城市建设的逻辑，即物理韧性是基础，治理韧性是组织支撑。在超大城市中社区作为最小的细胞，又是城市居民居住的重要场所，其重要性不言而喻。在当下国际双碳可持续发展背景下，社区的建设崇尚零碳社区建设，推行绿色城市发展。

第六章介绍成都超大城市韧性建设的路径。根据"十四五"发展规划，成都市要加强韧性城市建设，保障城市安全运行，提高城市应对重大风险防控能力。由此提出要加强城市经济韧性、社会韧性、城市基础设施韧性和生态韧性建设。

第七章介绍在全周期理念下超大城市韧性建设的路径。基于"全周期管理"理念构建前期、中期和后期三个阶段超大城市韧性体系，提升超大城市韧性治理能力。

本书的研究框架如图 1-1 所示。

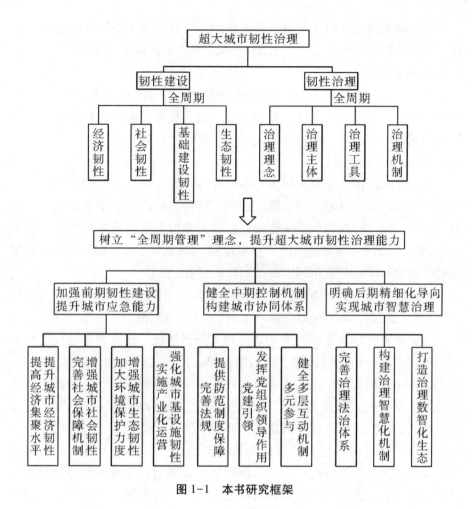

图 1-1   本书研究框架

三、研究重点

加强城市基层治理的"全周期管理"需要以全主体、全过程参与为实现基础。这一全主体、全过程参与网络不仅包含了不同领域、不同阶段和不同形式的参与行为，而且其内在的运行机制也应相应地体现为市场交易机制、管理科层机制以及社会信任与合作机制，从而更有利于充分发挥各类行动主体的比较优势，更有效地协调和分配城市资源以及提供社区服务，促进全周期管理更好实现。

其一，构建市域社会治理体系。通过"党建引领+城市治理"的深度融合，完善并推广全流程管理标准，设立协同治理平台，在党的集中统一领导下做好超大城市社会治理。

其二，加强前瞻性研究。超大城市有大量日常事务需要处理，同时，为保证正常运转，超大城市要未雨绸缪，提升应对风险的能力。

其三，将"全周期管理"意识引入城市治理领域。全周期管理所带来的系统集成方法，打造城市治理的完整链条，从源头到末梢实现全流程、全要素管控，尤其着力建设基层社区这一城市治理的"末梢神经"、服务群众的"最后一公里"。

其四，构建多主体参与、协同完备的治理体系。构建一个治理主体多元、治理层级清晰、治理机制联动的城市治理体系，以推动治理迈向多元、集约、协同、高效。超大城市治理，需要各方面积极参与、协同配合。

其五，给予弱势群体特殊关怀。任何公共危机的发生，都可能使得弱势群体如独居老人和孩子陷入无法自救的困境。城市基层社区公共危机应对机制中应建立针对疑难杂症患者、精神病患者、老年人群、残障人士、卧病在床人员、儿童和妇女等弱势群体的特殊照护和关怀的工作机制。当然，针对这些弱势群体的特殊照护和关怀工作，往往涉及方方面面。为此，城市基层社区应发挥与政府部门联络沟通的功能，迅速整合各方力量并及时应对。

四、研究难点

其一，"人类需求—永续发展"的治理维度。强调将人的基本需求置于整个城市规划的核心，这样才能避免城市异化以实现永续发展。

其二，"生态保育—天人合一"的治理维度。超大城市发展需要与自然和谐相处以达到"天人合一"的发展境界，制定城市生态保育策略以实现城市与自然的和谐共处。

其三，"法制规范—正当开发"的治理维度。超大城市发展要以完善的法制为基础。

其四，"科技工具—理性运用"的治理维度。合理运用现代科学技术是治理超大城市必不可少的手段。

第四节　研究方法

本书结合城市经济学、生态社会学、生态经济学、环境学、社会学等众多学科的理论，通过阐述理论观点和理论逻辑，展开本项研究。从目前研究情况来看，国外的城市韧性研究起步较早，并取得了较为系统的理论研究成果——从社区公共危机知识普及、社区公共危机预防、社区公共危机应对、社区公共危机评估等方面入手，基于文献阅读总结和归纳关于韧性社区发展脉络、韧性社区建设的模式机制、韧性评价体系、韧性能力提升等的理论和方法。通过调查样本社区，寻找重大危机中城市社区的阶段性特征（复合性、多样性、恢复性、可变性、共生性），并进行分类梳理。在定性分析的同时，获取区域内大量的经济统计资料和典型调查资料，分析城市社区应对公共危机的影响因素。

一、整体的结构主义方法

综合借鉴社会学等学科研究方法，运用"整体（宏观）—结构（中观）—个体（微观）"三层次分析方法，通过认真梳理经典理论，得到分析的思路和工具，同时关注全球和国内时事。在宏观层面，探讨超大城市发展的背景、现状、战略体系与政策创新；在中观层面，探讨生态经济理念下超大城市形成和发展的问题；在微观层面，探讨超大城市微观主体性的机理问题。

二、典型案例与实地调研相结合的方法

本书选取国内外超大城市典型案例进行实证分析，以点带面，得出超大城市韧性建设的特点——这属于典型案例剖析法的具体应用。同时，将成都市作为典型案例进行分析，对该城市进行多维度的实地调研，明确了成都市韧性建设的问题，总结提炼出该市韧性城市建设的经验，作为第一手资料，为我国超大城市韧性城市建设提供示范。

三、思辨研究与比较分析方法

思辨研究是要求研究者在个体理性认识能力及经验基础上，通过对概

念、命题进行逻辑演绎推理以认识事物本质特征的过程。思辨研究注重理论、概念和观点总结，强调研究者主要运用辩证法等哲学方法，通过对事物或现象进行逻辑分析，阐述自己的思想或理论，它主要包括理论思辨、历史研究、经验总结等方法。通过运用个人洞察力和现实经验发现问题，判断各要素的影响关系，估计可能出现的结果。此外，通过阅读大量的文献并借鉴前人的研究成果，运用比较分析的方法，汇总分析全球超大城市案例，提炼梳理全球超大城市发展的经验，找出相同点和差异点。

四、理论分析与实证分析相结合的方法

本书从多个层面全方位地分析超大城市的基本构架，属于理论分析法的具体应用，对超大城市韧性水平的综合测度，以及空间差异、空间聚集特征的分析属于实证分析的具体应用。因此，理论分析与实证分析相结合的研究方法是本研究的重要研究方法。

第五节　创新性

一、研究视角创新

本书以"全"为核心旨归，向系统衔接、流程梳理、治理要素和历史时空发力。"全过程"要求城市开阔视野，回应社会变化的诉求，迎接挑战，实现从供给到需求的转变。"全流程"要求城市安全治理改变过去"头痛医头，脚痛医脚"的方式，建立事前预警、事中应对、事后总结的管理模式。"全要素"要求城市安全治理通盘考虑所有影响因子，全面把控所有对治理发生作用的风险点。"全时空"是将城市安全治理放在历史长河中考量，既重当代，又思长远。

随着城市的快速发展，城市异化不仅是"城市社会的失去"（即没有社会团结的城市情绪），还会产生"城市问题"及"失控感"（即无力感）。因此，韧性城市异化需要以"人与自然统一，城市与自然统一"为基本目的，同时秉承"与自然共生""与环境共存"及"天人合一"等理念，遵循"城市主体性"原则，通过以社会制度为基础、科学技术为手段、合作治理为主导实现城市异化治理目标。城市安全韧性建设不仅关注突发冲击，还关注社会的慢性压力；不仅追求城市短期功能恢复，更关注

城市长期可持续发展。

二、研究内容创新

第一，进行全流程分析，实现城市安全韧性治理系统化。完整形成一个"前期预警决策、中期应对执行、后期总结学习"的管理闭环。

第二，实施跨区域协同，促进城市安全韧性治理协同化。各种治理主体应着力打破部门分割和行业利益之藩篱，在地域联动、人员合作、部门协同、资源互补、经验分享等方面实现立体化统筹和系统化交互。

第三，区分层次类别，对城市安全韧性实施差异化治理。对城市治理中不同层次、不同领域面临的难点、热点、堵点、风险点进行分级评估、分类管理，精准施策。

第四，科技赋能，提高社区应急智能化水平。现阶段，新兴技术的发展可以从风险监测预警、资源高效共享、韧性指标评估等方面为面向韧性治理的社区应急注入新的能量。

第二章　基本理论与文献综述

第一节　基本理论

一、城市的概念与特征

（一）城市的内涵

"城"，《说文解字》曰，以盛民也。《康熙字典》释：城，成也，一成而不可毁也。这些都是说"城"是一种容纳居民的建筑群，保护居民不受侵害。今天的《新华字典》第一个解释就是城墙。《史记·始皇本纪》曰：帝筑万里长城。这些都说明了"城"这个概念是一种保护性质的事物，在古代则明确指有形的城墙。在古代，野兽、土匪遍行郊野，而在城内，这一隐患则大大减少，除非战乱或病疫流行，城内居民的生命能够被城墙和护城士兵有效保护，而提供安全保护是古时城市最为重要的公共服务之一。所以"城"这个字表明"城市"是一种能够为居民提供公共服务的场所。

"市"，《说文解字》曰，买卖所之也。市就是一种汇集物资的场所，这些物资在这个场所集散。相比于草市等不固定的集市，城内或城边的"市"有固定的交易场所，这些交易场所具有享受安全保护的优势。

城市的出现，是人类成熟和文明的标志。《世本·作篇》记载：颛顼时"祝融作市"。颜师古注曰："古未有市，若朝聚井汲，便将货物于井边货卖，曰市井。"这便是"市井"的来历。与此同时，在另一些地方，生活着同样的村落，村落之间常常为了一只猎物发生械斗。于是，各村落为了防备其他村落的侵袭，便在篱笆的基础上筑起城墙。《吴越春秋》一书有这样的记载："筑城以守君，造郭以卫民。"城以墙为界，有内城、外城的区别。内城叫城，外城叫郭。内城里住着皇帝高官，外城里住着平民百姓。学术界关于城市的起源有三种说法：一是防御说，即建城郭的目的是不受外敌侵犯；二是集市说，认为随着社会生产的发展，人们手里有了多余的农产品、畜产品，需要有个集市进行交换，进行交换的地方逐渐固定了，聚集的人多了，就有了市，后来就建起了城；三是社会分工说，认为随着社会生产力不断发展，一个民族内部出现了一部分人专门从事手工业、商业，一部分人专门从事农业。从事手工业、商业的人需要有个地方集中起来，进行生产、交换，所以有了城市的产生和发展。

"城市"是人类的一种定居状态，现代的城市从早先具有防御和教育功能的场所演化而来。城市从萌芽至今，可以大致分为四个时期：早期城市（公元前 3200 年左右产生）、封建时代城市（公元纪年前后产生）、近代城市（1640—1917 年）、现代城市（20 世纪 20 年代以来）。

（二）城市的特征

城市的特征主要是共同体特点和高度流动性。城市的共同体特点有：①聚集性。城市是区域经济聚集体，这是由城市的引力和农村的推力形成的；城市也是社会经济资源分配的结点，是整个国民经济积累和发展的核心，是区域经济的综合体。②系统性。城市是一个空间地域系统，其各要素之间相互制约、相互交织，构成城市的系统运动，具有综合性强和专业化水平高的特点。城市高度流动性特点有：①开放性。城市的开放性是指城市与农村、城市与外部广大区域的广泛联系。城市活力的来源就是它与周围世界的联系。城市必须经常与外界进行人口、物资、商品、资金信息的交流，并向外界排放废弃物，也就是城市的新陈代谢。②相对独立性和对外依存性。城市具有其独特的功能，它不是简单的部分的总和，而是有着自己规定的独立的有机体。这些功能不是绝对独立的，而是对外界具有一定的依存性，这种依存性反映了城市与整个社会的一种内在联系，也反映了城市各个经济部门之间的联系。

（三）经典社会学家关于城市的理论观点

工业革命引起的农村社会向城市社会的转变，农业社会向工业社会的转型，引起了相关国家知识分子的关注。在社会学研究领域，最著名的研究者有马克思和恩格斯、韦伯、涂尔干、齐美尔、滕尼斯和帕克。

第一，马克思、恩格斯的分析。他们将城市看作人类文明的标志。城乡分离促进了劳动分工的发展和社会的进步，但是城乡分离也造成了城乡对立和城乡差别。在进入资本主义社会后，城市已经与之前的城市不同，越来越成为资本和劳动力的聚集地。生产资料和财富集中到少数资产阶级手中，集中在城市城区，使得城市愈加成为资本主义发展和扩张的政治中心和经济中心。马克思和恩格斯指出了在资本主义条件下，城市特别是大城市发展也滋生了各种社会病，包括失业问题、童工问题、移民问题、贫穷问题、环境污染问题、犯罪问题等。

第二，韦伯的都市理论。韦伯主要从历史社会学的角度研究古代与中世纪社会的城市。这方面的研究成果为《城市》，于1911—1913年写就，首次发表于他去世后的1921年。后来，这篇论文放入《经济与社会》一书的第四版中出版，编者将其归在"非正当的支配——城市类型学"的标题之下。在城市定义研究上，韦伯认为，经济和政治是城市概念的两个重要方面。经济上，其主要是指市场制度的建立；政治上，其主要是指自治。在市民阶层上，韦伯在《经济与社会》中更指出商人和手工业者即市民阶级建立了城市，城市的发展就是资产阶级的发展。

第三，涂尔干的城市理论。涂尔干并没有直接论述城市，而是其他方面的论述涉及城市。涂尔干将社会团结类型分为机械团结和有机团结。机械团结主要存在于传统社会中，基础是将个人同化为具有共同信仰和感情的整体，机械团结的纽带主要是集体意识；有机团结建立在社会成员异质性和相互合作、相互依赖的基础上，劳动分工是连接纽带，主要存在于城市中。涂尔干还认为，大城市是现代工业的产物，充满着多元价值观和信仰，有很强的异质性。但是，城市化的发展的表现是农民人口进入城市，这就打破和瓦解了传统的集体意识。在城市中，道德密度加大，集体意识淡漠，旧的集体道德被瓦解，新的价值观系统尚未建立，社会的整合就会面临威胁、失范、自杀、犯罪等社会问题。

第四，齐美尔的大都市观。齐美尔关于城市的观点主要有以下方面：①城市是强刺激的环境，人和物的集中使刺激达到顶点。②大城市往往是创造性的发源地，乡村或小城镇的居民相互熟知。③劳动分工强化了由于城市规模而产生的自我意识。

第五，滕尼斯的社区研究。1887年滕尼斯出版了《社区与社会》一书，提出了两种类型：社区与社会。滕尼斯将社区分为血缘共同体、地缘共同体和情感共同体。社区的特点就是建立在情感基础之上、人与人之间亲密度高、情感深，道德约束感强，社会整合程度高。滕尼斯崇尚共同体生活，批判社会或者大城市的生活，认为它是机械的集合体。

第六，帕克的城市社会研究。帕克被人们誉为芝加哥学派的开山鼻祖，正是他的研究，才使芝加哥大学社会学系获得了芝加哥学派的美称。帕克也是城市社会学的奠基人。他的主要研究成果包括1015年发表的文章《城市：对城市环境中人类行为进行研究的建议》，这篇文章后来被收入他与伯吉斯和麦肯齐合著的《城市——对都市环境研究的建议》（1925）中。帕克的主要观点是：城市是由不同的人口组合而成的有机体，以复杂的劳动分工为特征。与涂尔干一样，他也认为在城市内的人口的增长，以及交通和沟通网络的扩张，将会形成功能的进一步专业化和更强的相互依赖的纽带。同时，他还指出，功能分化也会在空间上表现出来，如：竞争不仅促进了劳动分工，也引起了在城市环境中，将不同的经济群体分布在不同的地点。

二、城市科学理论

将城市认为是物质空间与场所集合的传统认识已经过时。学者巴蒂认为网络和流作为"硬币的两面"实乃城市系统的构成部分，原本的"区位"在这个意义上说，就是各种活动网络和流的交汇之处。新城市科学有三个基本原理、七个基本定律。

三个基本原理：①构成我们对城市的理解的条件是场所与空间之间的关系（或者网络），而不是其属性；②不同属性的网络之间的空间与场所，在数值、尺度和形状等方面都具有一种内在的秩序，有助于进行分类和解释其意义；③对城市的理解必须扩展到流和网络，而不能仅仅建立在观察的基础上。

七个基本定律：①当城市增长时，"'潜在链接'的数量随着人口的平方而增长"[①]。而随着城市的不断扩大人口也会不断增长。②当城市变大时，城市中居民的平均真实收入会增长更快，呈现积极的超线性增长。③越大的城市数量越少。城市的频率分布呈现正偏态，往往近似于逆幂律，可以被转化为等级规模关系。城市规模与位序之间的简单关系，是判别城市聚集与城镇体系合理性的重要原则。④当城市最初的市场或行政中心开始增长时，土地价格和人口密度随着与中心点或中心商务区的距离增

---

① 巴蒂. 新城市科学［M］. 刘朝晖，吕荟，译. 北京：中信出版集团，2019：40.

加呈非线性降低趋势。⑤当城市增长时，"两个城市间的相互作用随它们的规模的乘积而增长，但相互作用数量随着距离的增加或交通成本的上升而减少"①。⑥当城市增长时，中心区域人口密度趋于降低而整体密度分布趋于平缓。⑦城市越大，它们越具有可持续性，即更加"绿色"。

三、超大城市理论

（一）超大城市的概念与特征

1. 超大城市的内涵

在国际国内城市研究中，对城市类型的划分有不同的标准。不同类型的城市，不仅人口规模、地理面积、建设体量不同，更在全球和国内经济体系中发挥着不同的功能、拥有不同的定位和地位。超大城市标准分为国际标准和国内标准。

其一，国际超大城市标准。联合国经济和社会事务部在 2017 "世界城市化前景"的报告中将拥有 1 000 万及以上居民的城市定义为超大城市。然而，在不同的时代和背景下，超大城市的标准也各不相同。按照 2014 年的统计数据，东京、德里和上海是全球人口最多的前三个城市，分别拥有 3 800 万、2 500 万和 2 300 万人口。预计到 2030 年，特大城市的数量将增加到 41 个。尽管对"超大城市"的定义存在一定的主观性，并且随着时代的变化其划分标准也在变化，如伦敦和纽约人口规模仅超过 800 万，低于联合国设立的"1 000 万城区人口"标准，但依然是具有重要地位的超大城市。

其二，中国超大城市标准。关于城市规模的界定，国务院于 2014 年11 月 20 日发布《关于调整城市规模划分标准的通知》，以城区常住人口为统计口径，将城市划分为五类七档。城区常住人口 50 万以下的城市为小城市，其中 20 万以上 50 万以下的城市为 I 型小城市，20 万以下的城市为 II 型小城市；城区常住人口 50 万以上 100 万以下的城市为中等城市；城区常住人口 100 万以上 500 万以下的城市为大城市，其中 300 万以上 500 万以下的城市为 I 型大城市，100 万以上 300 万以下的城市为 II 型大城市；城区常住人口 500 万以上 1 000 万以下的城市为特大城市；城区常住人口 1 000 万及以上的城市为超大城市。根据住房和城乡建设部 2023 年 10 月公布的

---

① 巴蒂. 新城市科学 [M]. 刘朝晖, 吕荟, 译. 北京: 中信出版集团, 2019: 40.

《2022 年城市建设统计年鉴》，全国共有超大城市 10 个，分别为上海、北京、深圳、重庆、广州、成都、天津、东莞、武汉、杭州。

2. 超大城市的特征

第一，具有强大的规模效应。超大城市在经济实力、区位优势、组织生产、产业结构等方面都具有其他城市无可比拟的优势。但是，超大城市集中度高，脆弱性也高。就像同样烈度的地震，发生在人口稀少地区与超大城市，造成的伤害是截然不同的。超大城市人口众多、经济体量大，各种要素密集，人流、物流、信息流、资金流快速流动，这既是巨大的城市竞争力优势，而在危急状态下又会变为突出的劣势，风险会在一个高度密集的区域快速集聚、快速爆发、快速扩散，灾害影响的人口规模、带来的损失都可能会很大。

第二，经济集聚。这些城市拥有庞大的经济规模，可以提供资金建设城市韧性工程。在全球经济一体化背景下，超大城市的经济功能更被重视、放大、优化，并更具灵活性，资源流动更为高效，响应速度更快。城市内集聚起的各种资源（如人才与生产资料）会使得各种生产更加高效，创造出更多的经济效益，也会提高平均收入水平。城市里有着更多的工作机会与获取知识的机会，这些都是城市经济集聚效益的体现。

第三，具有完善的基础设施、公共服务体系及各种服务平台。规模超大、结构多元的人口形成巨大的、多样化的消费需求，具有经济发达、相对富裕的物质基础，具有先进的基础设施和完善的公共服务体系，能向广大居民提供优质的公共服务，提供舒适、便捷的生产生活环境。

第四，城市承载压力大，产生"大城市病"。由于城市规模超大，人口、企业高度集中，增大了城市空间的压力，增大了环境污染、交通拥堵、房价暴涨等"大城市病"的概率。

四、全周期管理理论

所谓全生命周期，源于管理学概念，是指管理产品从需求、规划、设计、生产、经销、运行、使用、维修保养直到回收再用处置的全过程。通俗来讲，全生命周期是指一个生命、一个事情从开始到结束的时间周期。在时间上，全生命周期分为早期、中期和末期三个环节。城市的运行管理理念也具有一定的全周期性。

（一）全周期内涵

第一，"全面"意识。"全周期"管理理念以"全"为核心。城市治理要运用全周期管理理念，改变之前"头痛医头，脚痛医脚"的方式，建立事前预警、事中应对、事后总结的全面管理模式。

第二，"生命"意识。"全周期"是一种动态、生长的生命体，具体有导入、成长、成熟、衰退的过程。

第三，"周期"意识。"全周期"是一种全过程、全维度、全互动的治理方式。这种治理关系到事物之间、事物内部的良性互动，涉及主观与客观、要求与现实、具体与抽象、局部与整体、动态与静态、当下与未来的系统性思维方式。

（二）全周期管理内涵

第一，源头治理。城市治理要基于源头治理、过程管控、常态运维的全过程管理理念。在"全周期管理"理念下，治理注重对城市治理前期隐患的防范，并采取有效措施提前部署，最大限度地预防城市风险的发生。

第二，整体治理。坚持整体观念是辩证唯物主义的客观要求，是认识复杂事物、解决复杂矛盾的客观需要。城市安全治理是由多领域、多环节、多要素构成的复杂系统，任何一个要素发生变化，都会影响城市系统的安全运行。要坚持整体治理，做到发展地而不是静止地、全面地而不是片面地、系统地而不是零散地观察和把握城市安全治理问题。在"全周期管理"理念下，治理把城市看作一个整体，坚持系统性的思维，构建完整的城市治理链条，让城市内部各个环节联系起来，形成系统、有序、完整的治理体系。

第三，动态治理。城市的发展是一个动态的过程，动态城市治理策略是在对注意力治理理论和韧性治理理论的吸收和批判基础上发展而来的。动态城市治理策略关注城市、治理主体（政府）和治理客体（居民个体）时间秩序的相适应，以及主体对其他两者需求的高效回应，在这一点上与城市韧性理论逻辑相契合。

（三）超大城市全周期性

第一，超大城市科技产业变革周期。超大城市是科技创新的载体，超大城市能够聚集大量的科研人员，从而对科技进步产生推动作用。首先，超大城市拥有较为丰富的优质教育资源。超大城市教育事业发达、待遇优厚，可以吸引大批优质师资流入。其次，超大城市聚集了大量人才。凭借自身所具有的产业、经济、资源和政策优势，以及良好的营商环境和用人环境，超大城市对人才具有巨大的吸引力。高新技术企业是科技创新的载体。和规模较小的城市相比，超大城市更便于聚集大量高新技术企业。超大城市往往有大量高质量的高校，其教育资源和科研资源能为超大城市高新技术企业发展提供坚实的智力支撑。再加上合理的政策引导和良好的营商环境，超大城市的科教存量优势就更有可能转化为发展高新技术的比较优势。

第二，超大城市基础设施建设的全周期。城市基础设施是城市正常运行的支撑，涵盖自然、科技、人文等多个领域。随着城市发展变化，基础设施也会经历周期性的更新换代。由于超大城市人口、经济规模不断扩大，科技和运行模式不断变化，各类特殊枢纽功能不断演进，因此其基础设施也需要不断扩张和革新。在使用周期的早期，基础设施主要投入是建设和运营费用，而在中晚期则变为运营和维修费用。因此，超大城市需要建立完善的全周期管理体系来保持基础设施的"投入—产出"平衡。因此，要用全生命周期的理念加强规划和设计的科学性和合理性，充分考虑长周期运维的需要，做好维修更新、空间预留、检修通道、数据资产衔接等技术工作，还要做好经验总结，推进标准化设计，提升行业的整体效率。基于全生命周期管理理念，将城市交通基础设施的早期建设投资与后期运行养护的经济效益、社会效益等进行综合评估。对于城市交通基础设施的养护作业，要树立综合性、高性价比、路网级别和长期有效的观念。

第三，超大城市居民的全周期。随着城市的发展，超大城市在发展模式上由以资本为中心转向以人为中心。城市之间的竞争，不仅是表面上人口数量和人口质量方面的竞争，而且是本质上关乎城市宜居环境优劣以及对人的各种需求能否满足等方面的竞争。超大城市在吸引人员特别是中青年高收入人群方面具有综合性竞争优势，但同时也面临着优质公共服务供给不充分、不均衡等诸多问题。因此，推进超大城市的全周期治理，首要原则就是围绕人的全生命周期包括人的"生老病死""养育、就业、退养"等打造儿童友好型、养育友好型、青年友好型、老年友好型、家庭友好型、残疾人友好型等社会，加快宜居宜业社会建设步伐，努力满足各类人群的生活和发展需求，让超大城市的规模优势得以体现并优质均衡且个性化地落实到每个年龄段和阶层的人群。

五、城市韧性理论

（一）韧性的概念

韧性，源自物理学概念，是指材料在塑性变形和破裂过程中吸收能量的能力。韧性越好，则发生脆性断裂的可能性越小。1973 年，Holling 等人将韧性概念引入生态学及其交叉学科。

2015 年，联合国机构间常设委员会（Inter-Agency Standing Committee，IASC）将"韧性"的定义扩展到更加广泛的社会层面，指个体、机构以及社会面对各类风险时的预防、抵御、适应与恢复的体系化能力。近年来，"韧性"这一概念在中国也逐渐被应用到经济、社会等领域，常被用以表示中国经济应对外部环境变化并持续抗压增长的能力。

（二）韧性的发展过程

"韧性"源自拉丁文词根 resi-lire，意为"弹回"，起初被物理学家用来表示弹簧的特性、材料的稳定性和对外界冲击的抵抗力。随着时代变迁与学科融合，"韧性"概念也被拓展至其他领域。韧性概念的发展经历了两次转型：第一次从工程韧性到生态韧性，第二次由生态韧性到演进韧性。每一次的转型都是不断丰富韧性概念的内涵和外延，都是对韧性认知的不断完善和提高。

1. 第一阶段：工程韧性

最早 Holling 将工程韧性定义为系统在受到扰动后恢复平衡或稳定状态的能力。扰动可以理解为巨大的自然灾害，如洪水、地震、干旱等，也可以理解为社会出现的动荡、突变的运动等。从这个角度看，抗干扰和系统恢复平衡的速度是弹性的衡量标准。系统反弹得越快，它的弹性就越强。工程韧性强调整个系统只有一个状态，韧性的强弱取决于所有受到扰动后恢复到原始状态的速度。

2. 第二阶段：生态韧性

与工程韧性最大的不同是，生态韧性否定单一的稳定平衡状态的存在，认可存在多重均衡，以及系统可以切换到可替代稳定状态的可能性。可以用"均衡"来描述生态韧性。

3. 第三阶段：演进韧性

演进韧性是指社会—生态系统在应对压力和外部张力时，通过学习和不断适应、转换以实现可持续发展的概念。这一概念将研究对象从生态系统扩展到社会—生态系统，涉及社会、经济和生态等多方面。它强调韧性的动态变化过程，并更加强调人的作用，鼓励人们通过自身的学习和创新来适应外界扰动，从而实现系统重组。同时，这一概念也强调在面对外界扰动时，人的心理和精神上的恢复能力起着重要作用，甚至可能超越物理防御能力。随着学者们对韧性状态的认知的加深，沃克（Brian Walker）等人提出韧性的状态不应该只有一个，它是处于复杂生态系统中为回应扰动而产生的自我调整、自我修复、自我适应，并持续地发展和进化的能力。它强调的是系统内部的动态性和自适应性，而不是静态的、被动的承受能力。演进韧性主要体现在其动态性、自适应性、创新性和反馈性，强调一个系统在变化的环境中能够不断地进行自我调整和更新，保持动态的平衡和持续的发展，要求系统能够根据外部环境的变化自我适应并采取相应的策略和行动，不断地优化自身的结构和功能。

从工程韧性到演进韧性的转变，需结合认识论来理解。例如，单方面强调城市建设的工程韧性，加强城市物理上的空间规划，不足以抵抗城市面临的风险，应该通过强"自我组织"能力来避免城市受损，增强应对危机的韧性，尤其是重大公共危机带来的大面积影响与群体性损害。要通过增强演进韧性，促使人付诸行动，并树立韧性的集体意识，达到"1+1>2"的效果。

六、城市复杂适应系统理论

复杂适应系统（Complex Adaptive System，CAS）理论是美国霍兰（John Holland）教授于1994年在Santafe研究所成立十周年时正式提出的。复杂适应系统理论的提出对于人们认识、理解、控制、管理复杂系统提供了新的思路。CAS理论包括微观和宏观两个方面。在微观方面，CAS理论的最基本的概念是具有适应能力的、主动的个体，简称主体。这种主体与环境的交互作用表现为一般的刺激—反应模式；所谓适应能力表现在它能够根据行为的效果修改自己的行为规则，以便更好地在客观环境中生存。在宏观方面，由这样的主体组成的系统，将在主体之间以及主体与环境的相互作用中发展，表现出宏观系统中的分化、涌现等种种复杂的演化过程。CAS理论虽然提出不久，但是由于其思想新颖和富有启发意义，它已经在许多领域得到应用，推动着人们对复杂系统的行为规律进行深入研究。

城市复杂自适应性系统理论，又称城市复杂系统理论，是复杂适应系统理论的产物，是国际城市研究领域的前沿理论之一。城市主体是构成城市系统的基本单元。其理论包括7个核心要素：城市主体、主体集聚、非线性发展、要素流、目标多样性、标识、内部模型和系统积木块。

第一，城市主体。城市主体具有主动性和活力，具有自己的目标、内部结构和生命力。其中城市中的人和人组成的机构组织是最重要的城市主体。此外，基础设施、城市建筑、城市网络也属于城市主体。这些主体相互联系，并构成城市复杂系统的城市运行准则。

第二，主体集聚。集聚效应是一种常见的经济现象，是指各种产业和经济活动在空间上集中产生的经济效果以及吸引经济活动向一定地区靠近的向心力，是导致城市形成和不断扩大的基本因素。城市化带来人口和产业的集聚效应。

第三，非线性发展。城市作为一个典型的开放的复杂系统，稳定性与动态性并存，并随着城市结构和功能的转型而发生非线性的演进。城市的结构和功能是协同演化的，存在适应环境变化、突显行为、自组织和路径依赖特征。这个过程是从一个稳定的阶段动态变化到下一个稳定阶段，变化性和稳定性在此消彼长中相互制约。

第四，要素流。这是指物资、能源、信息等要素在城市主体之间的流动和传播。目前全球城市资源要素流指标体系中，有一级指标 6 个（贸易流、资本流、科技流、文化流、人员流、信息流），二级指标 16 个（进出口贸易额、国际机场货物吞吐量、港口集装箱吞吐量、流入的 FDI 项目数、股票市场交易额、数字支付市场的经济效益、论文国际合作、专利国际合作、星巴克餐厅数量、国际音乐会数量、文化互动指数、国际机场客流量、入境游客数量、外国出生人口数、官网的海外访客占比、数据通达指数）。从全球城市资源要素流来看，城市系统能够表现出两个明显效应——乘数效应和再循环效应。

第五，目标多样化。这是城市系统的一种发展模式，城市中每个主体都受到其他主体的影响，又会和其他主体产生联系，不断地演进，从而实现目标的多样化。

第六，标识。这是指城市系统内部引导主体识别目标、选择模式、区分合作者和竞争者的一种准则。特点标识贯穿始终，且能促进主体之间的相互选择，从而促进城市系统的层次结构形成和协调发展。

第七，内部模型和系统积木块。内部模型是指城市发展规划、基础设施建设标准、法律法规、行业发展模式等都是城市系统的内部模式。系统积木块是指城市内部模型的微小单位，是城市主体基于长期实践积累的丰富经验验证了的能够被重复使用的元素。

七、社会治理理论

（一）治理内涵

治理概念源自古典拉丁文或古希腊语"引领导航"一词，原意是控制、引导和操纵，指的是在特定范围内行使权威。它隐含着一个政治进程，即在众多不同利益共同发挥作用的领域达成一致或取得认同，以便实施某项计划。其主要特征有：第一，治理意味着多元主体参与，治理所依据的权威来源多元化，政府并非权威的唯一来源，但是却居于"元治理"的地位。第二，治理意味着权力行使由自上而下的单一向度向纵向上的双向互动和横向上的交流转变。第三，治理意味着各参与主体之间伙伴关系的建构，各参与主体合作共治、共同负责。第四，治理体现了公众、社会组织在参与治理过程中的积极性、自主性。

（二）社会治理内涵

社会治理，是指政府、社会组织、企事业单位、社区以及个人等多种主体通过平等的合作、对话协商、沟通等方式，依法对社会事务、社会组织和社会生活进行引导和规范，最终实现公共利益最大化的过程。从运行意义角度，"社会治理"实际是指"治理社会"。换言之，所谓"社会治理"，就是特定的治理主体对社会实施的管理。由"社会管理"到"社会治理"不仅是概念上的变化，而且蕴含着理念、方法、手段和制度等多个层面的深刻变革。

（三）城市治理体系

国家治理体系包括政府行为、市场行为和社会行为。城市治理体系的逻辑是主体通过方法去治理客体。其具体包括以下三方面：

第一，治理主体，即"由谁治理"。城市治理强调主体的多元化，由政府主导、公民与社会组织协调并参与，需要实现公共部门、私人部门、第三部门、普通公民的合作。我国完善城市治理体系，要树立系统治理理念，确立政府在治理中的主导地位，保障公民与社会在治理中的参与权，打破体制机制障碍，推动利于多元主体协同的新技术应用，实现政府治理与社会、公民自治协同的良性互动，实现城市共治共管、共建共享。

第二，治理客体，即"被治理对象"。城市治理的客体总体上可以分成两种。第一种是"城市问题"，即"城市病"。这部分治理内容在很大程度上属于被动应急型的城市治理，关乎城市的正常运转，具有重要地位。

城市治理中亟待解决的问题主要包括城市化中基础设施重复建设、交通拥堵、结构布局错位、土地利用效率低下、噪声污染、环境污染等。第二种是"城市使命及愿景",包括确定城市的长远发展目标及发展路线。两者都要将关联问题和利益相关方纳入系统考虑,消解局部主义的影响,解决治理碎片化问题,通过制度创新、体制机制改革和技术支撑保障治理绩效。

第三,治理方法,即"怎样治理"。城市治理方法是治理主体和治理客体之间的桥梁,城市治理方法主要包含两个方面的内容,即新方法形成和多种方法组合。在方法选择上,我国城市治理应重视两点:一是深刻贯彻治理理念,在建设并使用制度、体制、机制时,应严格遵守现有的法律法规,充分且谨慎使用城市的立法权;二是将系统治理理念和智慧治理理念相结合。

（四）城市社会治理

对于一般意义上的城市社会治理,研究成果非常丰富,但核心共同观点主要有:①城市社会治理需要运用公共权力。②参与城市社会治理的不仅仅限于政府单一主体,政府、私营部门、非政府组织、市民等都是城市社会治理的主体。③城市社会治理是一个参与、沟通、协商、合作的过程,既包括正式的也包括非正式的制度安排。④城市社会治理是一个冲突缓解、利益整合的过程。⑤强调城市社会治理中政府职能与行政方式的变革。

（五）城市精细化治理

精细化治理是对传统经验化、粗放式管理模式的批判,是城市经济可持续发展和韧性城市高质量建设的内在要求。张明斗（2022）认为:①在治理理念上,要以人为本,精细治理。一方面,以人为本、精细治理的理念塑造有利于从根本上改变城市治理主体单一的局面,推动城市治理主体的多元化,促使社会各要素（企业、社会组织、公众）都参与到城市精细化治理中。另一方面,及时定位城市问题的节点,对城市内部各个要素进行精细化治理,同时,要尊重城市居民的主体地位。②在治理规划上,要整体协调,系统治理。一方面,从整体、系统角度出发,实现对城市各要素的精准治理;另一方面,将城市视为一个整体,实现城市治理从碎片到整合的转变,最大限度整合城市治理资源,精准解决城市问题。③在治理体系上,要做到体制完善,协同高效。进行城市精细化治理必须建立基于组织结构和权力结构的协同、完善的城市治理体系。④在治理手段上，要实施信息治理、智慧治理。一方面，适应"数字城市"向"智慧城市"的转变，提高城市治理效率和能力；另一方面，能够跨越信息鸿沟，重塑城市治理主体的关系，增强公共服务的有效性。

第二节　文献综述

一、超大城市研究概述

超大城市，是中华人民共和国城市规模划分标准的分类之一。根据住房和城乡建设部于 2023 年 10 月公布的《2022 年城市建设统计年鉴》，全国共有超大城市 10 个，分别为上海、北京、深圳、重庆、广州、成都、天津、东莞、武汉、杭州。

目前，在知网学术平台，以"超大城市"为关键字共检索到 1 506 篇文献，其研究领域主要包括城市工程建设、城市社会治理、城市问题破解、城市高质量发展；以"超大城市"和"韧性"为关键字共检索到 79 篇文献，其研究领域主要包括城市韧性体系、城市韧性治理、城市韧性空间、城市经济韧性、城市安全韧性。现有关于超大城市的研究成果可以从研究地区和研究内容两个维度展开分析。

第一，超大城市研究地区。当前研究关注区域以上海市、北京市、深圳市以及广州市居多。其中孙建平等（2021）以上海关键基础设施安全运行为例，讨论了超大城市韧性建设。李晓壮、李升（2021）在社区融合概念的基础上构建分析框架，探讨了北上广深超大城市的流动人口社区融合指标测度。鄂振辉（2021）以北京市党建引领"街乡吹哨，部门报到"基层管理机制研究超大城市基层治理。广州城市治理榜课题组（2021）发布《韧性城市建设之广州实践报告》，从经济韧性、社会韧性、环境韧性、文化韧性、公共韧性五个维度出发，以数据和案例相结合的方式分析了广州韧性城市建设实践。

第二，超大城市研究内容。超大城市的研究集中在人口、经济、社会治理、公共危机、社区、城市安全、城市生态等方面。其中对人口流动问题的研究尤其热门，包括区域人口承载力研究、流动人口治理问题研究、人口老龄化研究、人口与产业发展研究等。在治理实践方面，这些研究则涉及超大城市精细化治理、数字化治理、城市规划等主题。王桂新（2020）认为要完好治理超大城市，既要服从超大城市建设与发展的目标与任务，又要根据超大城市的特殊性，从系统治理和综合治理出发，明确治理的主要对象和内容。其治理包括整个超大城市的人、物、资金、信息等对象，也包括所有生产、生活现象及时间与空间、静态与动态的发展过程。在超大城市韧性经济方面，赵春燕等人（2021）研究了经济集聚对城市经济韧性的影响，认为应该提升经济集聚的水平，促进经济多样化集聚从而增强城市应对外来风险的能力。张秀艳等人（2021）对区域经济韧性的关联识别方法和演化特征进行了研究，认为较为发达的数字创业生态系统对增强某个区域的经济韧性和实现竞合导向的系统共生演化是非常有利的，因此应该用数字来引领经济的转型和升级。

超大城市发展困境，也称"城市病"，主要包括人口膨胀、交通拥挤、环境污染、资源短缺、城市贫困、治理问题等。段小梅（2001）认为，"城市病"是一种"综合征"，它的实质是以城市人口为主要标志的城市负荷量超过了以城市基础为主要标志的城市负载能力，使城市呈现出不同程度的"超载状态"。丁健（2003）认为，"城市病"是指伴随着城市发展或城市化进程，在城市内部产生的一系列经济、社会和环境问题，主要包括城市环境质量的恶化、住宅和交通的拥挤、城市贫民区的出现和犯罪率上升等问题。赵剑芳（2007）指出，从"城市病"形成的结构性原因来看，"城市病"可分为两大类：一类是因结构性问题形成的城市病，可称为"典型城市病"；另一类是因非结构性问题形成的城市病，可称为"非典型城市病"。具体来说，"典型城市病"指的是在还历史欠账时出现了体制变动从而使城市化问题爆发性地增加，如人口拥挤、交通堵塞、住房紧张、环境污染等。张鸿雁等（2023）认为，"非典型城市病"指的是随着城市化的高速发展而产生出来的一些与人本身有关的城市病态问题，如抑郁症问题、青少年犯罪问题、乞丐问题、买房焦虑症、城市夜生活综合征、交通拥堵恐惧症、手机综合征、鼠标抖动症、宠物综合征、网恋问题、宅男宅女问题等。由于在城市社会结构变迁中传统的文化价值体系与经济价值体系被打破后，新的社会文化价值体系与经济价值体系尚未完全建立，特别是在制度型保障体系未能深入人心的情况下，城市中的每一个个体、每一类群体及每一个阶层都处在不同程度的社会压力体系之中，不同程度上存在对未来生活的"社会压力型"恐慌，诸如对现实的"厌倦"、生活"急躁"情绪和"无名的担心"等多样化的行为和心理状态，并以多样化、多类型、个人化和偶发性的方式表现出来。宁越敏（2012）认为：从世界范围来看，凡与经济社会发展相协调的城市化，都会产生积极的作用；反之，则会产生消极的作用——城市研究学界相应称之为积极型城市化和消极型城市化。消极型城市化会导致城市在发展过程中出现一系列的经济、社会、环境问题，俗称"城市病"，主要指住房供应短缺、交通堵塞、环境污染，以及失业、贫困、犯罪等社会问题。

二、韧性城市研究概述

（一）韧性城市概念

韧性城市是指能够凭自身的能力抵御灾害、减轻灾害损失并合理地调配资源以从灾害中快速恢复过来的城市。从长远来讲，城市能够从过往的灾害事故中学习，提升对灾害的适应能力。韧性城市具有五大特征：一是稳健性——指城市能够抵抗灾害，减轻由灾害导致的城市在经济、社会、人员、物质等多方面的损失。二是可恢复性——指灾后快速恢复的能力。三是冗余性——指城市面对应紧情况具有的维持一定的功能水平从而保证城市正常运行的备用模块。四是智慧性——指能够在有限的资源下，优化决策，最大化资源效益。五是适应性——指城市能增强对灾害的适应能力。

（二）城市的韧性能力

城市的韧性能力主要包括这三种能力：抵抗能力、自我恢复能力和创新学习能力。第一，抵抗能力。这是城市保障人民生命财产安全和自身发展的应有之义，是实现韧性城市建设的目的和核心。（Foster，2007；Wilbanks，2008；Dabson et al.，2012）认为，城市韧性是城市在不改变其功能和结构的情况下可以承受的最大破坏程度。抵抗能力包含城市基础设施的基本防御能力、风险监测和发现能力、自动调节能力。第二，自我恢复能力。这是有效控制风险损失的能力，是城市韧性能力的重要内容，是在各种冲击下快速恢复的基础。Wilbanks（2008）认为：这种能力是城市可以在一定时间后恢复到遭受破坏前状态的能力；恢复到原始状态的速度越快，韧性越强。这是城市韧性的重要指标。韧性城市恢复力评价分为三个方面，即强度（S1：strength）、刚度（S2：stiffness）和稳定性（S3：stability）。孙建平（2023）认为，自我恢复能力在机制层面指建立一套权责明晰且行之有效的响应机制，能够在危机来临时迅速启动，在决策层面要有科学的方案，在行动层面要确保信息通道高效透明，各类要素资源具有一定的冗余和"平灾"的能力。第三，创新学习能力。曾鹏（2022）认为，有机融合的三个创新机制（适应性主动循环机制、全要素韧性耦合机制、全过程动态响应机制）将成为城市韧性建设与治理的重要支撑。

（三）韧性城市内容

1. 不同学科研究

目前，学术界主要从城市规划、社会学、生态学、经济学、管理学和灾害学对城市韧性进行了研究。第一，城市规划的目的主要是增强城市应对自然危机的能力。比如，城市在面对飓风、洪水等自然灾害时，城市基础设施系统能够有效抵御灾害冲击，避免发生内涝、断电、断水、交通瘫痪等情况，确保城市能够抵御灾害并具备快速恢复的能力。第二，社会学领域的研究认为，城市应对风险不仅要依靠正式的体系，也需要社区、家庭或个体层面的配合，它以城市全体人民在应对风险、不确定性和危机时的整体上的空间利益再分配为最终目标。第三，生态学领域的研究主要认为，在城市系统的维数和属性研究上，不应局限于单个城市系统本身的地理学边界或行政区划边界。比如，城市边界内的山、水、林、田、湖、草等自然生态系统同时也是其所在流域生态系统的重要组成部分。第四，经济学领域的研究认为，城市经济韧性是指城市在遭受外部冲击后表现出的经济反弹能力以及面对极端灾害时的防范、响应和恢复能力。在具体内容上要提升城市经济创新能力，增强城市微观主体活力，发展城市龙头型经济，扩大城市投资，扩大消费，扩大开放等。第五，从管理学视角来看，由于城市内部具有复杂系统，要实现城市可持续发展，就要有效治理，对韧性城市建设进行城市"一网统管"。第六，从灾害学角度研究城市韧性，要重点关注城市基础设施建设韧性，要保证城市生命线畅通。

2. 不同维度研究

（1）城市经济韧性

经济韧性是韧性理念在经济学领域的应用。①经济韧性指标体系构建。从国外研究来看，目前有2个认可度比较高的经济韧性指标体系——洛克菲勒基金会的指标体系（CRF/CRI）和纽约州立大学区域研究所的指标体系（RCI）。CRF体系基于经济系统的7个关键属性构建了经济韧性的评价指标，从政府、企业、个人和知识网络等方面进行了评价；RCI体系可分为 3 个评价维度共 12 个评价指标，这 3 个评价维度分别是经济能力、社会人口和社区连通力。RCI 体系对经济韧性水平的评价主要从收入公平程度、产业结构多样化程度、生活成本可负担程度和营商环境 4 个方面展开，并根据经济韧性水平划分了极高、高、中等、低、极低 5 个层次。从国内研究来看，奕玮和丁关良（2020）从产业结构、经济发展水平、居民收入差距、产业高级度及经济脆弱性 5 个维度构建了指标体系并评价了全国 264 个地级市的经济韧性水平。齐昕（2019）提出区域经济韧性是动态变化的，且包含了 3 种能力——抵御冲击能力、自适应能力和创新能力，并基于这 3 种能力选择了相关的评价指标，由此形成了区域经济韧性的评价指标体系。曾冰（2020）将经济韧性划分为抵抗力、恢复力和进化力 3 个一级维度和经济发展稳健性、经济脆弱性、经济稳定性、内部流通性、结构合理性、创新力和转型升级能力 7 个二级维度，构建了区域经济韧性水平的评价指标体系。②城市经济韧性研究成果。赵春燕等人（2021）研究了经济集聚对城市韧性的影响，结果显示经济集聚能有效提升超大城市经济韧性。叶林堂等人（2021）研究了社会资本对区域经济韧性的影响，发现不同类型社会资本在不同空间尺度下发挥作用。李南枢等人（2021）从复合空间视角研究认为，韧性城市高效生产需要推动经济转型升级。③数字经济增强城市经济韧性驱动力。魏峰等（2023）、陈丛波等（2021）以及张亚丽和项本武（2023）认为，数字经济通过增强创新活跃度提升创新能力进而间接影响城市经济韧性。

（2）城市生态韧性

城市是个复杂的多元系统，城市生态韧性与社会、经济、文化等要素共同构成城市韧性。①城市生态韧性测度研究。在定量研究上，张岩等人（2012）使用 PCA-DEA 模型从投入产出的角度进行城市韧性评价。张明斗和冯晓青（2018）用层次分析法对城市韧性进行测算，发现城市韧性水平波动上升，地区差异明显。②在韧性评价指标的选取上，曾冰（2020）在抵抗力、恢复力和进化力的基础上，从 7 个层面构建指标体系来系统描述系统应对灾害风险的能力。李亚和翟国方（2017）也从经济、环境、社区、组织及基础设施等多个维度测度了中国地级市的城市灾害韧性，并对空间分异情况进行分析。③在生态系统视角，学者多从生态安全、生态环境质量、生态脆弱性等角度进行生态韧性评估，主要反映生态系统受到内外扰动后维持生态安全稳定并自我恢复的能力（王云霞、陆兆华，2011；

廖柳文 等，2015；杨海娟 等，2012）。

（3）城市社会韧性

国内学者王思斌（2016）将社会韧性理解为社会的结构性、各部分之间的连接性，它包括了社会关系、社会文化和心理结构等具有经验性和稳定性的特质。从社会连接性的意义看，社会韧性包含了正式和非正式的两类关系结构层次——前者指正式的组织运行体系，如不同的组织、部门行动主体之间的合作网络，后者指非正式的社会纽带关系，如生活共同体中的相互信任、扶持及社会凝聚力。①社会韧性提升策略。任远（2021）认为，提高社会韧性的重要机制是社会资本，社会资本既包括制度化、规范化运作的社会组织和专业社会工作的正式支持系统，也包括基于邻里互助、伙伴性关系在内的非正式制度的支持，以及社区共同体的共同意识和相互信任。赵方杜（2018）认为社会韧性的建构，需要在对社会系统进行脆弱性分析的基础上，注重社会包容性、社会连接性和社会能动力的建设，从而逐渐完善风险治理的社会机制。②社区韧性提升策略。戴年念（2023）等人发现当前老旧小区的韧性改造在资金、技术、管理等方面均存在较大阻碍，提出试点推广"公私伙伴关系"（PPP）与老旧小区韧性提升改造相结合的模式来应对面临的困境。对于试点推广过程中存在的问题，需要深入实践并不断总结问题、解决问题。张力伟等（2022）研究发现基层治理的关键在于解决"人"的问题，所以提升社区韧性需要以"人"为切入点，聚焦于对社区中脆弱性群体的关怀，实施情感治理，通过专业性的社会组织嵌入解决社区工作的专业性问题实施精细化管理，并以此构建基层治理的协同行动网络。③基层网格化应急治理。徐淑华（2021）通过对居民视角的网格化应急治理能力的认同感调查，提出应建设政、企、社、民多元主体应急网格化共同体，从而提升基层网格化治理能力。吴结兵等（2022）以省级应急示范社区为例，从行动者的视角分析了应急管理举措和成效。个体韧性的形成受到自我效能与希望、安全与镇定、联结性三类元素的推动。应将这三类因素与具体的应急管理策略关联起来，比如增强社区文化价值认同、及时识别风险情境特征、构建社群网络，从而通过落实应急管理策略提升社区个体的韧性，推动个体积极参与应急工作。

（4）城市基础设施韧性

①基础设施评估。欧阳等（2012）在基础设施机能反应过程曲线模型

的基础上，围绕灾害防御、灾害吸收、系统恢复的韧性阶段过程，构建了城市基础设施韧性评估框架。②科技创新赋能城市建设。施益军（2022）在对杭州市韧性城市建设现状分析的基础上，提出加强灾害风险基础大数据平台建设，支撑韧性城市建设。徐雪松（2023）提出融合智慧城市建设中的新一代信息技术、调度系统，据此增强城市应对突发重大事件的全周期韧性能力。和佳慧等（2022）首次将耦合协调度模型引入城市韧性与科技创新的耦合协调发展研究中，分析了成渝地区双城经济圈城市韧性与科技创新的发展水平。③应对风险的能力。邵亦文等（2015）认为城市基础设施韧性指的是城市构筑物的脆弱性减弱，城市的生命线工程保持畅通，城市社区拥有良好的应急能力。陈宣先（2018）认为城市基础设施韧性也称技术韧性，主要指城市基础设施应对灾难的恢复能力，如，建筑物、构筑物的庇护能力，交通运输系统、供排水系统、能源系统等基础设施的保障能力。

3. 韧性社区研究

韧性理论为研究如何提高城市灾害防御能力与灾后恢复能力提供了新的理论视角，近年来成为欧美发达国家的研究热点。其中，社区作为城市的子系统，是最具有城市内部空间实践意义的典型区域，越来越多的专家和学者开始结合韧性理论，研究韧性社区建设相关问题。

（1）韧性社区的作用与建设路径

伊伦尼-萨邦（Ireni-Saban）（2013）认为社区的公共管理能力与以社区为基础的城市韧性直接相关，而社区公共管理能力具体可以分为社会倡导力、社区能动力和社会包容性的塑造力。

（2）韧性社区的评价指标与方法

卡特（Cutter）等（2010）提出社区基线韧性评价指标体系（BRIC），将社区韧性分为社会韧性、工程韧性和经济韧性等 6 个方面，通过因子分析方法，确定了 49 个指标，计算得出不同社区的韧性水平。辛普森（Simpson）（2006）则认为韧性指标应该包括灾害风险、社会资本、社区资产、基础设施质量、社会服务和人口质量等，并用预备量（preparedness）与脆弱性（vulnerability）的比值作为韧性值。尽管表达方式各不相同，主要的评估标准还是集中在经济、社会、制度和工程等方面。

（3）灾害的防御和救灾

国内现有的城市安全研究对城市及其社区自身的韧性考量较少。周利敏（2016）指出，社区韧性包括抵御和重组两个方面的能力，更强的抵御能力与重组能力是韧性社区的重要标志。韧性社区评估内容主要有人类资本、社会公平、人口数量、地方依附认同、社区参与创新等。郭小东（2016）等将社区可恢复能力与社区灾害的易损性比值作为韧性衡量标准，构建社区韧性评价模型。陈玉梅（2017）在总结国外韧性城市的经验之后，主张城市或者社区的韧性评估应该尽可能减少不同城市或社区之间的横向对比，转而以时间为纵轴考虑韧性的变化情况。

三、全周期管理研究概述

全生命周期管理理论于 20 世纪 60 年代被美国最早提出并应用于军工领域的成本管理中。国外学者雷蒙德·弗农提出产品全生命周期理论，以创始、成熟与标准化三个节点来划分产品生命周期。到 20 世纪 70 - 80 年代全生命周期理论用于交通、能源、企业管理等各个领域，对管理对象进行全过程、全要素、全方位的闭环管理。城市治理中的"全周期管理"是指将城市社会看成一个有机体，采取全局措施进行城市治理。全周期管理是超大城市治理的新趋势，也是新时代超大城市社会治理的内涵。目前，国内将全周期管理理论运用到城市治理中的研究并不多。

1. "全周期管理"内涵

（1）不同维度下的全周期管理

"全周期管理"概念起源于企业产品管理领域，强调企业产品的整个"生命过程"和运行规律。学者们将其创造性地"移植"到社会治理领域。王凡荣（2020）认为全周期管理从历史、理论和现实三个维度，能够更好地认识和理解城市发展。①从历史维度看，城市的发展是人类社会发展的必然趋势，城市是不同要素的有机整体。城市的有机体是认识全周期管理理论的前提，全周期管理是国家治理理念的继承和延续。②从理论维度看，"全周期管理"作为城市治理的新论断，蕴含着丰富的马克思主义哲学思想，从辩证法、唯物史观和认识论的角度来分析新论断的衍生逻辑，可以找到"全周期管理"的理论根源。城市的发展遵循矛盾运动的规律，矛盾的不平衡决定了城市社会治理的方向和内容。③从现实维度看，"全周期管理"理论实质上是对城市的基本特征进行系统性、整体性的把握，找出不同层面的短板，从而增强城市韧性。

（2）不同特点下的全周期管理

全周期管理最早运用于企业和工商业，主要涉及产品信息流通、及时获取问题。后来，政府、社会、企业将全周期管理要义引入各自运作体系和治理实践。随着城市化进程的加快、人口规模的扩大，城市问题和矛盾不断涌现，各类城市病凸显，同时也伴随着治理风险和难度的加大，亟须用系统、协同和整体性治理措施予以回应。全周期管理理论高度契合生产社会化、社会信息化、社会关联化、风险多元化的时代发展要求，它通过对主体、内容、程式、层级等要素的整体统筹和全域协调，强化城市治理和风险驾驭，关联解决各类城市治理难题并高效化解危机。黄建（2020）认为，全周期管理理论用于城市治理，其特点有：①全流程管控。城市的发展内部有其巨大的系统，从城市规划、建设、管理、风险识别、评估到应对，有一个前期、中期、后期的闭环管理系统。②城市内部要实现区域间的协同合作。由于城市在不同层次、空间、领域中资源要素不同，只有跨界整合和流动，才能实现治理合力。尤其是在超大城市中，只有做到人员的合作、部门的协同、地域的联动才能实现资源互补，化解社会风险。

（3）不同领域中的全周期管理

全周期管理强调精准化管理，针对城市治理中不同层次、不同领域中的难点问题、热点问题和风险点问题进行分类处理，精准施策。

2. 危机管理与危机生命周期研究

危机管理理论最早由美国危机管理大师罗伯特·希斯（2001）提出，他将危机管理的过程总结为经典的"4R"危机管理理论。危机管理的纵向过程可包括减少（reduction）、预备（readiness）、反应（response）、恢复（recovery）四个阶段。其中减少阶段是管理的核心。通过降低风险，将危机发生的概率和发生后可能带来的冲击减到最小。危机生命周期理论由史蒂芬·芬克提出，其将危机传播的过程总结成了征兆期（prodromal）、发作期（breakout）、延续期（chronic）、痊愈期（resolution），即"F"模型。危机生命周期带给我们的重要启示是：①危机处理的时间越早越好，最好能在危机发生前就处理掉。②危机不同生命阶段有不同特征，能辨别危机所处阶段，才能有效处理危机。上述两个理论，均将危机视作一个过程，而危机管理是一种过程管理。此外，两者都认为在危机实际发生以前的隐患消除工作比危机爆发后的应对更为重要。

3. 社区综合应急系统研究

从实践来看，国际城市管理协会（ICMA）的 Don Gels（1994）首次提出了"抗灾社区"的概念，这是一种综合的、基于社区的、自主驱动的防灾方法。E. L. Quarantelli（1997）提出了社区灾害的十项评价标准，他指出个体志愿者参与突发事件的应对会在一定程度上妨碍应急管理活动的顺利开展，因为这种临时性参与分散了应急管理者的精力，导致应急效率低下。Douglas A. 等人（2008）指出社区防灾的关键部分是由救灾的实物、信息和人力资源等因素组成的本地资源库，政府、居民和社会组织三方如何维护和使用好这个资源库则是社区应急管理的核心，并围绕这一核心在美国的运转情况进行了实证研究。F. H. Norris 等人（2008）提出了一套社区复原力理论，他们将社区复原力定义为一种灾害发生后的动态复原能力——由经济发展、社会资本、信息传递、交通状况四个主要方面的因素结合而成；为了建设社区复原力，社区应当做好风险防范，避免资源配置不平等，同时鼓励居民积极参与，建立有效的信息共享系统等。国内社区综合应急系统研究情况如下：①在社区应急管理体系的设计上，很多学者都试图通过逻辑演绎的方式，推出一套科学性和实用性兼具的应急管理体系。关贤军等人（2008）从组织论出发，认为应设立专门机构，安排专人负责，加强教育培训等方式结合，明确分工、落实责任、群众参与，如此方能构建起完备的社区应急管理框架。李菲菲和高恩新（2016）认为应构建安全管理体系，运用韧性灾害管理、韧性社区建设等达到城市内部与外部环境的平衡。薛澜（2008）通过深刻反思现行应急管理机制"事前、事中、事后"的刚性治理难以应对现代风险的多样性及复杂性状况，提出应加强风险治理。郑杭生、洪大用（2004）认为我国在转型期面临多重风险共生及社会脆弱性等安全隐患，并提出了风险治理的对策和建议。李羚、黄毅（2009）提出要构建灾后重建中基层党组织应急管理机制。构建灾后应急机制，不仅是对政党制度的继承，也是对党组织活动方式的发展，其思路新颖，但是研究比较流于表面。郭雪松等人（2011）指出，在风险社会背景下，危机事件日益呈现出跨区域特性，我国管理体制条块分割的现实使得跨区域危机治理存在"碎片化"问题，由此提出了网格化管理的技术思路。②社区应急管理能否实现多元主体参与是牵涉社区应急管理能力建设最终成效的核心问题。余树华、周林生（2016）研究了政府应急管理与社区应急管理的关系问题，将其归纳为协议关联与指令关联两种模式，指出社区自治程度不高、头重脚轻的权力配置使得社区在应急管理中没有充分发挥应有的主观能动性。陈文玲、原珂（2016）认为社区居民的应急认知能力较弱与应急参与性较低的主要原因在于缺乏社区共同体意识。③在社区应急治理的方式上，齐恩乐（2014）提出了智慧型社区应急管理模式，指出社区要在智慧型城市建设过程中打造智慧型社区，利用互联网、物联网、云计算、信息智能终端等技术创新应急管理的组织体系、信息支撑体系、运行机制和软硬环境，提升社区公共安全管理水平。

四、研究述评

第一，从总体来看，我国社区建设未能摆脱传统"工程学"规划思路，尤其是防灾减灾、公共安全方面等与社区韧性有关的建设，未涉及经济发展、社会治理和民众参与等方面，缺乏战略性的、可持续的规划：一方面缺乏必要的风险评估体系，缺少完善的、统一的风险监测；另一方面缺乏公共危机应对机制和其他常态管理机制间的相互协调，不能将灾害视为挑战、不能将灾害转化为社区发展的机遇。

第二，从目前来看，现有的研究没有形成系统化，没有一个协调机构来整合各个社区和单位的资源，不能从宏观上把握市、区、街道等的整体情况，应对危机只限于微观层面的社区，而单个社区的力量已不足以应对传播速度极速化和危机影响联动化的社区公共危机。

第三章　世界超大城市风险分析与启示

第一节　世界超大城市风险因素分析

随着城市的不断扩张，过度的城市化必然增加城市的负担，各种城市问题便会不断涌现，具体表现为人口拥挤、交通堵塞、环境污染、资源供给不足、安全问题、贫富差距等。

一、伦敦

伦敦，是欧洲第一大城市和最大经济中心。18 世纪到 20 世纪初，作为世界性帝国——大英帝国的首都，伦敦因在政治、经济、文化、科技等领域的卓越成就，成为世界上最大的城市。截至 2016 年，大伦敦都会区被划分为伦敦市和周围的 32 个自治市。大伦敦都会区又可划分为伦敦城、西伦敦、东伦敦和南伦敦四个区域。伦敦城是金融资本和贸易中心，西伦敦是英国王宫、首相官邸、议会和政府各部所在地，东伦敦是工业区和工人住宅区，而南伦敦则是工商业和住宅混合区。伦敦大都市圈发展短板主要有以下方面：

第一，空间地理方面。伦敦核心与外围城市间网络化联系不足。伦敦中心区人口非常密集的时候，为了缓解人口过度集聚的压力，伦敦曾通过卫星城分流把人疏散出去，但也为后期发展留下地理障碍。人口疏散过程中 32 个自治市和伦敦中心城发展出现断裂。

第二，人口问题。首先是人口结构。总体呈现收缩态势，其中 10~19 岁人口的比例约为 3%，19~23 岁的人口比例甚至低于 3%，年轻人在人口结构里面占比下降，规模不够大。其次是低密度。伦敦的人口规模与东京、纽约相当，但是从人口密度来看伦敦远低于东京和纽约，这种低密度非紧凑的城市蔓延模式，为城市未来发展埋下了隐患。最后是移民。大伦敦地区38%的人口来自国外，比其他地方高了一半；人口增长了，但如何平衡外来人口和本地人口之间的福利是一个大的挑战。另外，从内部人口迁移来看，内、外伦敦只有20~29岁人口是净流入的，其他年龄段均是净流出，这种不平衡的人口迁移模式不利于发挥集聚的劳动力池效应，也不利于伦敦都市圈高、低技能劳动力的匹配。

第三，中心对外围的带动作用有限。这表现为：①城市规模等级之间、经济之间不对等。②大伦敦地区的发展差距较大。各地区的支柱产业分布呈现圈层结构，物流运输、制造业与房地产行业位于外围圈层，公共管理、教育医疗行业位于中间圈层，商业服务、金融与信息通信行业位于内部圈层，各圈层之间产业差别较大，内部圈层所流出的生产要素与外部圈层需要的生产要素不匹配（劳动力、技术等），产业之间"脱钩"，圈与圈之间的内在产业技术联系和产业链上的经济联系不紧密，使得发达地区的辐射和带动能力较弱。③城市带动就业不够。世界城市的中心城区的服务业一定非常活跃，这是毋庸置疑的。但伦敦的服务业有个情况，导致会出现一个"为谁服务"的问题；没有内部服务市场，供需衔接不起来，伦敦未来必然依靠国际市场，这是英国最大的风险。这种情况下只有高端生产服务业，制造业、加工业、建筑业，尤其是生产加工比例很低，这使得伦敦必须是外向型的，否则产业结构就需要调整，这样风险很大，因此，英国脱欧会对它产生致命的影响。

第四，交通问题。伦敦基础设施建设圈层差异明显，以交通为例，内部交通网络体系极其发达，但是1小时都市圈外不再有现代交通体系，交通体系不够发达，通勤率不高。

第五，贫富差距问题。贫富差距在世界范围内是个普遍存在的现象，伦敦亦不例外。扣除住房成本之外，27%的伦敦人生活在贫困中，尽管水平比六年前低了两个百分点，但还是很高。50%的财富聚集在10%的人手里，这是常见的规律，伦敦也是一样，阶层之间财富分配不均衡比较明显。58%的人，即130万人生活在工薪家庭，导致孩子受教育水平不高以及生活在贫困中的概率变得高一些。伦敦人均年收入约3万英镑，富人区10万英镑，穷人区不到1万英镑，贫富差异较大。

第六，社会性城市基础设施存在核心区内、外差异较大的问题。学校、医院和公园等公共服务设施的获取难易程度也反映出伦敦核心区与外围卫星城市社会福利的差异。伦敦东、西区，从两个区数据上看差距很大，因为伦敦城市内部发展不平衡，无论是收入、福利、社会保障还是公共服务都是不对称的。

二、纽约

纽约是一个地处沿海的国际大都市，是美国人口最多的城市，也是充满活力的最大都会区，人口超过 1 680 万。纽约是美国最大的金融中心、商业中心和文化中心，纽约在城市化进程中也面临着城市病的困扰，突出表现就是工厂集中于市中心，导致人口拥挤、空气污染、交通拥堵等问题，其面临的风险主要体现在四个方面：

第一，气候变化引发的自然灾害风险。纽约海岸线长约 832 千米，地势较低，很容易受到沿海风暴、侵蚀和不同类型洪水的影响。2012 年 10 月 29 日的桑迪飓风，袭击了纽约整个城区，由于缺乏应有的充分准备，城市遭受了建筑大面积破坏、电力中断、公用事业服务中断和大规模洪水——近 800 座建筑被摧毁，200 万用户断电、8.4 万用户失去天然气服务，97 人丧生，数千人流离失所，经济损失达 190 亿美元。目前，约有 40 万纽约居民、7.2 万幢建筑以及大部分基础设施都位于 100 年一遇的洪水区域内。海平面上升是其最大风险之一，根据纽约气候变化专门委员会 2015 年的数据，纽约市的海平面在过去 100 年内上升了 1 英尺（约 0.3 米），目前以全球平均速度的两倍持续上升，到 2050 年，海平面预计会上升 8～30 英寸（0.2～0.8 米），到 21 世纪末，预计会上升 15～75 英寸（0.4～1.9 米）。

第二，高密度人口带来的社会服务设施风险。2021 年纽约人口达到了 880 万，占纽约州总人口的 43%，纽约是美国人口最密集的城市，其人口密度达到 10 890 人/平方千米。庞大的人口规模给资源供应和城市公共服务设施带来巨大挑战。一方面，这对能源、电信、交通、供水和废水处理等生命线系统造成超负荷运转的风险，纽约下水道有 85 年历史，给水管有 70 年历史，而电网投入运营的时间甚至可以追溯到 20 世纪 20 年代，交通基础设施在性能和容量上的问题层出不穷，地铁系统面临着服务水平低和拥挤的问题。任何中断这些关键系统运行的事件——包括对关键部位维护的疏忽——都会使该地区处于危险之中。另一方面，持续增加的人口对教育、医疗、健康等服务带来巨大压力，面临着流行病暴发的风险。与此同时，纽约市大约有 100 万幢建筑，规模巨大，许多老建筑面临着大风、高温、严冬、地震和洪水等更大灾害的风险。

第三，城市异质性带来的社会公共安全风险。对一个国际化大都市来说，人口多元化和文化多样化，在容易激活城市创新力的同时，往往会因为高度的异质性而出现新的文化冲突、族群矛盾和各种不平等问题，这极易引发社会两极分化、种族隔离、社会骚乱等公共安全风险。纽约市是一个人口结构复杂的国际大都市。根据 2000 年美国人口综合统计，其种族构成情况是：白人占 44.66%；黑人或非洲裔美国人占 26.59%；其他种族占 13.42%；亚裔占 9.83%；混血人占 4.92%；印第安人占 0.52%；来自太平洋岛屿的人占 0.07%（屠启宇 等，2007）。同时，还有大量的老年人、残疾人、慢性疾病患者、被社会排斥者、贫困者、英语能力有限者等弱势群体，这些人群更具有脆弱性。2014 年"占领华尔街"事件充分暴露了纽约多元社会和不平等面临的安全风险。

第四，新一代信息和数字技术引发的网络安全风险。互联网改善了城市沟通、创新和获取信息的能力，但其很大程度上的开放和不受监管的性质，意味着市政部门、企业和居民更容易受到网络安全威胁和事件的危害，这通常包括来自内外部的有组织的网络犯罪、隐私泄露、网络间谍、网络攻击等。纽约市越来越多的人通过智能手机和移动设备管理他们的日常生活，这使得他们特别容易受到恶意网络活动的攻击。据统计，仅 2017 年美国就发生了 53 308 次网络攻击事件。城市生活的各个方面，包括供水、供电、交通、生命安全和应急响应，都深深依赖网络技术，城市社会环境、建设环境、自然环境、未来环境都会面临巨大的风险威胁。

三、北京

北京，是中国国家中心城市、超大城市，中国历史文化名城和古都之一，世界一线城市。截至 2023 年 10 月，北京市下辖 16 个区，总面积为 16 410.54平方千米。2023 年末，北京市有常住人口 2 185.8 万人。对标建设国际一流的和谐宜居之都，从服务首都发展新要求、满足人民群众美好生活新需要来看，城市管理依然存在一些短板和不足。尤其是在当今不确定性和风险增加的情况下，其对北京城市社会发展和韧性建设提出了更大的挑战。这具体表现在以下方面：

一是市政基础设施承载力不足。随着垃圾分类工作深入推进，厨余垃圾分出量大幅提升，现有生化处理设施实际处理能力难以满足当前需求，垃圾处理设施能力结构不合理。能源供应设施布局还需优化完善，输配电网架结构不完善，电网大面积停电的风险仍然存在。六环路高压天然气管道尚未成环，天然气接收和输配能力有待提高。

二是城市运行安全韧性不足。城市电力、燃气以外输为主，能源供应处于"紧平衡、缺弹性"状态，然而需求不断增长，城市运行安全面临挑战。发电、供热高度依赖天然气，天然气应急储备能力不足，热电运行矛盾突出，联调联供难度加大。城市运行安全隐患较多，地下管线频遭破坏，老旧小区管线亟须改造。

三是城市精细化管理水平有待提升。水、电、气、热等市政公用服务品质与市民群众期待的还有一定差距。城乡环境不够协调，风貌特色不够突出，背街小巷环境整治需要深入推进。"有路无灯、有灯不亮"现象依然存在。居民生活垃圾分类自主投放准确率还需提高，部分垃圾处理设施存在异味扰民问题。网格化城市管理与 12345 市民服务热线融合度不高，问题发现不够全面、及时，管理效能有待进一步提升。

四是智慧城市管理体系建设滞后。大数据、人工智能等新技术在城市管理领域应用滞后，科技赋能城市管理的作用发挥不够，城市感知体系不完善，全市城市运行"一网统管"尚未形成。

五是"大城管"格局尚未形成。首都城市环境建设管理委员会办公室作用发挥不够，对全市环境建设和城市管理的统筹协调力度有待加大，尚未形成"横向到边、纵向到底"的城市精细化管理服务体系。城市管理与城管执法融合度不高，管理与执法协同配合机制需进一步优化。街道（乡镇）在城市管理中的作用有待加强，城市管理社会参与度还需进一步加大。

四、深圳

深圳，广东省辖地级市、副省级市、超大城市，是国务院批复确定的经济特区、全国性经济中心城市和国家创新型城市，也是粤港澳大湾区核心引擎城市之一。截至 2022 年末，全市下辖 9 个区，总面积为 1 997.47 平方千米，2023 年末，深圳市常住人口为 1 779.01 万人。2023 年，深圳市地区生产总值为 34 606.40 亿元，同比增长 6.0%。作为国内最年轻的超大型城市，深圳这些年人口过快聚集，带来高速发展、财富累积的同时，也带来了房价高、学位少、看病难、易堵车、水污染等一系列社会问题。

一是资源能源约束日益趋紧。这具体表现在以下方面：①空间承载压力过大。目前，深圳市陆域开发强度已经达到 50%。深圳市域面积为 1 997 平方千米，最新建设用地占总面积的 55.3%，超出国际惯例的 30% 开发强度极限。②水资源短缺问题严重。单从年降雨量来看，深圳堪称雨量充沛。深圳多年平均降雨量为 1 830 毫米，远高于全国平均 700 毫米的水平。但是，降水量只有经过地面及地表层贮存后，才能变成能够连续供应的水资源。深圳的降雨多为台风雨，加上境内没有大的湖泊，降雨结束后不到两个小时，雨水就几乎全部进入大海，很难蓄到足够的雨水。改革开放后，深圳人口开始增多，为了满足市民用水的基本需求，只能"境外引水"。③城市环境污染。目前，环境污染已经走到了倒"U"形曲线的顶端。

二是生态环境保护面临挑战。国土空间开发强度增加，深圳生态系统的稳定性和生物多样性面临挑战，城市生态系统安全压力持续加大。气候变化增加了极端天气的频次和强度，城市韧性有待提升。危险废物全过程管控、医疗废物应急处理有待全面加强，新污染物研究须进一步深入，生态环境风险全过程、全链条防范体系有待健全。

三是社会治理问题隐患较多。从基层治理的角度来看，人口越多，基层治理的难度越大。深圳市"城中村"和历史遗留违法建筑等问题交织，给深圳城市治理和城市运营带来巨大挑战。深圳 2 000 万人口中超过 50% 住在城中村。深圳有 1 600 万人租房居住，740 万套租赁住房中，有 450 万套在城中村。

四是应急管理体系有待完善。重特大灾害事故风险防范压力依然较大。深圳作为南方新兴超大型城市，城市安全发展面临严峻挑战。台风影响频繁，强降雨多发，城市高强度开发建设诱发地陷、山体滑坡等灾害的风险较高，极端天气变化对城市基础设施防灾抗灾能力提出了更高要求。全市人口、车辆、建筑高度聚集，商事主体登记数超 350 万家，外来人员、过境车辆流动频繁，城中村、高层建筑和地下空间众多，海上船舶活动频繁，各类安全事故多发易发。深汕特别合作区安全设施不足、基础薄弱，风险不容忽视。以人工智能、物联网、大数据、新能源等为代表的新技术、新产业、新业态不断涌现，给城市建设、管理、运行带来新问题、新风险。存量风险和新增风险交织叠加并日趋复杂，发生群死群伤灾害事故的风险依然较高。

五是城市安全文化水平仍有待提升。外来务工人员数量多、流动性大、文化程度低、安全意识薄弱，职业安全教育不足，岗位安全技能不高。公众安全宣传教育覆盖面不大、针对性不强，全社会整体安全意识和自救互救能力仍有待增强。

第二节　超大城市面临的"共相"社会问题

在社会转型发展过程中，拥有绝大规模的人口数量、高密度、多元化的超大城市，必然会存在资源消耗过度、人口规模扩大、环境污染严重、社会矛盾复杂、公共服务匮乏、住房成本加大、犯罪率攀升、交通道路堵塞等各种问题，其面临的问题比一般中小城市更加突出。这些问题具体表现在以下方面。

一、城市社会不平等

在经济全球化、经济自由化、劳动力市场化、科技进步日新月异和经济结构转型的进程中，拥有高密度甚至超高密度人群的全球超大城市，其社会不平等和社会排斥在内容、方式、结果等方面，表现得更加突出和明显，尤其是以收入和财富分配不均为核心的社会不平等问题，成为21世纪以来影响超大城市持续繁荣发展的重要因素之一。城市规模的扩大在很大程度上是一个关于城市不平等的故事：规模越大的城市越不平等。随着经济的快速发展和城市化进程的不断演进，超大城市中各个社会群体利益格局被重新调整，分配不公现象日益突出，社会财富分配的"马太效应"愈发明显，贫富差距越来越大。产生的影响有以下方面：一是任凭分配不公加剧、收入差距加大，会导致城市空间的分化和社会隔离，更容易引发富人与穷人之间的思想对立和社会交往圈封闭，造成不良的社会心理，降低社会制度的权威。二是极易引发政治危机和社会危机。近年来超大城市以年轻人为主体的社会骚乱以及在欧洲与中东出现的民粹主义和民族主义就是它的表现之一。三是贫富差距拉大、阶层固化、机会不平等等社会问题的形成，对超大城市社会的包容、公平发展形成巨大的潜在威胁。

二、城市公共服务短缺

基本公共服务是保障全体人民生存和发展基本需要、与经济社会发展水平相适应的公共服务，具体指政府为居住在辖区的所有居民提供的城市基础设施和社会服务。如，应急救援、教育、电力保障、环境保护、公共安全、公共交通、社会福利、城市规划、基础设施建设、供水管网、废水废料废物处理等。政府提供的公共服务既是政府的一项重要职责，也是居民满足生存和发展需求的一项基本权利，还是保持超大城市安全运行的基本保障。目前，全球超大城市普遍面临公共服务短缺的困境。尤其是影响居民生活的交通、教育、医疗、住房等社会服务，难以满足超大城市人口发展的需要，影响超大城市的安全和稳定。

三、犯罪与公共安全危机

城市化进程中产生的各种城市问题是城市犯罪孕育、发生和发展的温床。在所有的城市问题中，城市社会问题和文化问题是两种比较特殊的"城市病"，而且二者之间联系密切、关系复杂，对城市社会治安大环境的形成、对犯罪行为主体与受体的塑造等，都有十分深刻的影响。超大城市作为国家或一定区域政治、经济和文化中心，社会复杂性和不确定是重要的特点，超大城市内各种犯罪和突发事件的种类更多、频率更高，超大城市也成为各类危机最容易、最频繁爆发的地区。这主要表现在以下方面：

一是社会犯罪现象高发。从当今世界看，无论是发达国家还是发展中国家，在工业化、城市化的初始时期，随着社会结构的急剧变化，城市犯罪率上升，且大大高于农村社区，其中又以大城市的犯罪率为最高。在已经工业化、城市化的发达国家，城市犯罪率高于农村的趋势十分明显。

二是公共安全危机事件多发。这主要是应急管理危机，如地震、火灾、食品安全、传染病暴发等。地震灾害对城市的影响是多方面而深远的，地震直接摧毁城市的建筑物，包括住宅、商业建筑和公共设施等，倒塌的建筑物不仅造成人员伤亡和财产损失，还破坏城市的基础设施。又如，新冠病毒感染是一场全球性危机，影响了世界历史的发展、经济全球化进程、全球经济发展进程和世界多极化进程，对全球治理体系变革、战略、地缘政治、世界安全环境和国家安全战略产生深远的影响。

四、移民文化冲突

在全球化经济浪潮中，全球人口跨国或跨界流动已经成为一种常态。超大城市乃人口流动活跃地区，移民作为特殊群体，一方面是城市的建设者、弹性城市的创造者、城市之间关系的连接者、地方政府治理的重要参与者、经济创新增长的推动者，更是促进城市化发展的动力和促进城市多样化的主体力量；另一方面，移民也会对当地的基础设施、公共服务、社会治理等形成巨大的挑战。当移民群体达到足够数量并且移民经济状况与本地居民之间存在巨大落差的时候，城市政府如果不能做出有效的制度安排来帮助移民积极地融入当地社会，就容易引发种族冲突、利益冲突、文化冲突和社会骚乱等潜在威胁。

第三节　超大城市风险演变逻辑分析

超大城市风险的演化与城市的发展有着密不可分的关系，超大城市重大风险具有时空演变性、风险系统性和传递耦合性特征。超大城市的风险演变具有不确定性。

一、时空的演变性

城市风险的时空演变是指城市风险总是在一定的时间尺度和空间尺度进行演变。①在时间尺度上，城市风险一共有四种演变类型：快来快去型（如交通事故）、快来慢去型（如传染病）、慢来快去型（如燃气泄漏引发爆炸）和慢来慢去型（如环境污染、生态破坏）。在此尺度上，超大城市重大风险也还是这四种演变类型，但由于超大城市的重大风险可能有新的类型，且有一些风险在一般城市中不是一般风险，但在超大城市中却是重大风险，这些可能会使超大城市的这四种演变类型所包含的风险种类和数量有所不同。②在空间尺度上，城市风险在三个层次上进行演化：微观层次、中观层次和宏观层次。微观层次影响范围是某个或某类具体的承受对象（比如一个基础设施、一个群体等），中观层次影响范围是局部的一个区域，宏观层次影响范围是跨区域的。在此尺度上，由于超大城市重大风险的形式表征往往为"体"风险，故超大城市重大风险的影响范围主要是在宏观层次，即超大城市重大风险常常产生跨区域的影响。

二、风险的系统性

超大城市是现代社会防灾减灾的重点，如果防控不及时、不到位，可能会出现系统性风险与社会脆弱性耦合、级联，产生"多米诺骨牌效应"或"蝴蝶效应"，给整个经济社会系统造成重大威胁。因而，系统性风险成为超大城市治理的重要任务之一。

一是非线性。非线性即变量之间的数学关系，不是直线而是曲线、曲面或不确定的属性。这种非线性相互作用，使得整体不再是部分的简单相加，而可能出现不同于"线性叠加"的增益或亏损。现代社会风险具有不确定性和不可预测性。超大城市风险容易衍生巨大的次级灾害，这种非线性的特点表现在不稳定性，各类复杂的风险相互渗透，现有的知识、流程和规范无法有效应对非线性风险带来的社会无序。社会系统越复杂，风险的非线性特征越凸显。与传统风险不同，非线性的风险演化使其灾害链更加复杂多维。随着城市人口增长和经济快速发展，能源消耗不断攀升、交通运输压力过载、生态环境脆弱等问题叠加，维系城市运转的生命子系统风险级别不断上升，达到峰值后便会使系统出现脆断。

二是流动性。随着城市对外开放程度的加深，人力资源、其他资源、资本以及信息比过去任何时候都流动得更快，城市运行重大风险的流动性和关联性也大大增加，原发性、输入性和输出性风险不断增多，城市面临的风险问题越来越复杂。一方面，这种流动性使得城市运行重大风险就像从单机时代进化到网络时代的计算机病毒，它所带来的危害快速地蔓延到其他地区，如禽流感病毒的传播；另一方面，发达的运输和通信使得全球连通性加强，各个地区之间相互依赖、相互关联，一个城市的重大风险也能通过其对交通、通信、环境卫生的影响，对地理上相隔甚远的区域造成危害，甚至在其他地区引发新的、更大的城市运行重大风险。

三、风险的耦合性

一是连锁性。当今风险社会下超大城市风险具有传递性，一个城市风险的形成和发展往往会使另外的风险产生，而且另外产生的这些城市风险的影响范围或后果的严重程度往往都要大于作为诱因的风险。在这一点上，传统乡村社会就像一个并联电路系统，而现代城市社会则是一个串联电路系统。在一个串联电路系统里，只要一个开关断开，整个电路就会停电。2003 年美国纽约市曼哈顿区首先发生大面积停电，底特律、克利夫兰等美国东部大城市也受到影响。停电事故发生后，城市地铁、电梯、火车、电车都停止运行，交通系统完全瘫痪，大约 5 000 万人的生活受到影响，造成了严重的经济损失。由此可见，一个系统出现风险，会导致整个城市的系统受到影响，这正是城市连锁性风险的典型特征。

二是跨域性。由于超大城市具有巨系统性，人口流动频繁，风险传播的行政边界、时间边界、灾种边界日趋模糊，风险的辐射空间越来越广。当风险的潜在致灾因子、可能承灾对象超出了城市的行政区划，城市跨域风险就产生了。

城市跨域风险有三种：①潜在致灾因子超出特定行政区划范围，涉及两个甚至多个城市辖区，如河流水位暴涨会波及流经的中、下游城市。②潜在致灾因子发生在某一城市范围内，而可能的承灾对象分布广泛，如火山喷发后的火山灰顺着风向飘至其他城市。③潜在致灾因子与可能承灾对象分别分布在不同城市区划。这三种情况都超出了单个城市的权限和能力。

三是叠加性。由于城市面临的许多风险短时间内并不会显现出危害性，其潜在的巨大影响和未来可能产生的后果极易被低估甚至无视，因此城市运行重大风险往往具有时间的累积性、空间的波及性和恢复的滞后性特征；同时，城市面临的各类风险之间会相互叠加和转化，产生各种复合效果。如城市面临的自然灾害、技术事故、传染病、食品安全和恐怖主义等主要城市运行重大风险，很容易影响到社会正常运行所依赖的诸多系统。由于连锁传导效应，其在城市的各个方面渗透并造成破坏。

第四节　超大城市社会治理的必要性分析

超大城市在面对社会不确定性增强的情况下，需要进行社会治理。如何走出一条符合超大城市社会规律和社会治理的新路子，是当前超大城市发展面临的挑战。

一、传统治理理念的转变

从空间与权力的关系的角度看，一座全球超大城市就是拥有一个城市政府，具有一定人口规模和经济体量、由一定行政地理边界共同组成的一个权力空间单元，其社会治理就是以超大城市政府为主体、多元利益主体互动协调下共同解决社会公共问题的过程。超大城市内部每个区域也是网络体系中的一个节点，因此，超大城市是一个跨越地区边界、多领域、跨地域的社会系统，涉及多个单元，城市区域内部存在政治、经济、文化、资金、信息和社会的互动联系，是一个超级巨型的复杂系统。这就决定了超大城市社会治理要突破传统城市中心的治理理念，从不同角度、不同区域、不同人群、不同需求进行跨边界综合治理。

二、多元治理主体的协作

政府与社会的关系是社会治理的核心。随着超大城市社会复杂性、多元化程度的加深，政府、市场、社会三者之间要构建起均衡的治理结构及资源分配模式，发挥政府公共治理、市场自律、社会共治的协同作用。这主要包括以下方面：①构建超大城市整体性政府治理新体系。这一新的整体性政府治理，对政府部门结构进行纵横向的调整重组不仅较好地发挥了政府在社会治理体系当中的主导地位、提高了治理效率，而且这一改革适应了信息化时代超大城市社会发展的趋势和要求，为社会治理体制的改革创新提供了坚实的理论基础和指导。多部门协同协作、跨区域协同，提升了政府的服务能力和效率。②注重政府、社会、企业之间的协同互动与合作治理。超大城市不仅需要公共服务型政府，也需要自律性市场和多元社会组织，三者之间相互合作，形成协作共治的格局。③增强社会共治的社会力量。随着超大城市人口的不断集聚和向后工业社会结构的不断转型及复杂化程度的不断加剧，整个城市社会会产生诸多新矛盾、新问题以及大量多元化的人类社会服务需求，如特殊群体养老问题、残疾人就业问题、弱势群体帮扶问题，以及改善邻里关系等诸多方面。由于政府受种种因素的制约，无法很好地提供服务，因此，通过购买服务等方式，培育规模化、专业化的非营利组织、志愿服务组织等社会力量，让非营利组织在社会服务领域发挥主导作用或占据支配地位，成为超大城市治理的第三种社会力量。

三、多元社会服务的提供

超大城市发展的目标是为整个城市的居民提供高质量、公平、均等化的公共服务。这包括以下方面：①界定城市政府在公共服务中的角色与职能。政府扮演什么样的角色及公共服务职能的发挥程度，决定着一座城市整体公共服务的容量、能力和水平。全球超大城市的治理经验表明，城市政府在公共服务供给中扮演和发挥着两个方面的角色和职能：首先，城市政府是城市社会治理或公共服务改革新观点的供给者。其次，城市政府是公共服务的供给者。例如，针对超大城市中的交通拥挤、住房困难、就医困难、环境污染等城市问题，政府要在公共服务供给中起主导作用。②提高超大城市"硬服务"与"软服务"水平。"硬服务"是指实现超大城市韧性的基础设施建设，按照生态可持续发展的原则不断改造完善城市能源、用水、供气、防洪防涝、交通疏导和住房保障的服务项目，促进超大城市安全韧性发展。"软服务"是指以促进超大城市居民发展为主的教育、医疗、文化等服务体系，实现超大城市社会公平和正义，减少社会贫困。

四、基础治理平台的搭建

搭建治理载体和平台，让超大城市内部居民主体参与到治理中来，让各种社会服务落地、生根。这具体包括以下两方面的内容：①以社区为基础搭建治理载体。搭建起社区管理委员会、互助委员会和以业主为主的社区共治架构，针对社区和城市的发展进行商议。合理配置各种社区服务机构，提供全方位的社区服务。②建立健全公众参与体系。围绕超大城市公共政策和城市治理的不同议题，健全多样化的参与机制和表达渠道。为社区民主化运转、包容性发展、多元和谐共存奠定良好的基础。

五、制定科学的城市规划

超大城市乃人口高度聚集的城市社会，确保超大城市内部有序、整洁、安全，既是超大城市治理的目标，也是超大城市发展的挑战。

首先，制定超大城市总体战略性规划，实现城市和谐发展。例如，大伦敦规划被认为是具有战略性的规划。为了改善伦敦城市发展的布局，2000年大伦敦政府重新成立后，不断更新和完善城市战略规划蓝图，围绕城市空间、交通、文化、环境、居民住房、用水等，提出专题政策方案。又如，2015年纽约发布了更新、更全面的韧性城市建设计划——"一个纽约"计划（One New York：The plan for a strong and just city），提出了多项韧性城市建设举措。我国也将超大城市韧性建设理念纳入城市规划，制定韧性城市发展专项规划（应急基础设施、物资储备、海岸线利用、土地利用控制等），发挥规划引领作用，推行城市重大设施和空间结构的分布式、多中心布局，积极打造健康宜居、可持续发展的城市。

其次，加快设施精细化的超大城市空间更新。超大城市除了规划的指引外，在对城市局部空间的设计和更新上，结合城市社会的变化点从适合人类生活、居住的街区出发，实施人性化、精细化的规划设计方案，从而引导和改良人们的行为方式，提供更加完整的公共服务，也是全球超大城市社会治理的一个重要经验。由于城市化进程加快，老旧小区成了超大城市中亟须改造的空间，为了满足居民正常生活需要、促进超大城市整体协同发展，必须进行精细化设计和空间改造。

六、制定严格的法律

超大城市是一个复杂的巨系统，必须建立法治化治理思维。法治是城市发展的核心竞争力，也是深化城市治理的根本保障，要善于运用法治思维和法治方式解决城市治理难题，从根本上依靠法治提升城市治理效能和服务水平。围绕城市治理中的机制性、障碍性、瓶颈性问题，聚焦重点领域、难点问题进行制度层面的"破"和"立"，推动制定科学有效的地方性法规。例如，在垃圾收集管理方面，日本东京大田区的垃圾分类手册有30页，一共列了500多项条款，不同地带的垃圾收集日期、收集垃圾的种类等都规定得十分具体、明确。再比如，针对社区邻里矛盾，制定所谓的"鸡毛蒜皮法"，包括"邻里噪声整治法""家庭宠物限养法""泊车法""门前三包管理法"等。其中，"邻里噪声整治法"，对社区和居民家中不同发声器物在不同时段的分贝数、违法处罚力度都做了明确的规定——噪声如果超出最高分贝数，将被处罚；"家庭宠物限养法"，对狗伤人事件根据损伤程度，做出了不同的罚款规定。

七、实现多方的社会包容

超大城市具有多样性、异质性和复杂性特点，既为城市经济的繁荣发展、创新发展提供了不竭动力，也为城市社会和谐、包容带来了巨大的挑战。因此，要构建城市包容性社会。这包括以下三方面的内容：①要让老百姓共享经济增长的成果、平等的社会权利和均质化的公共服务。帮助外来移民、新城市居民、老人、妇女、儿童和残疾人等人群消除贫困、改变弱势地位、融入主流社会，在社会政策制定、资源整合方面关注困难人群的诉求；多渠道增加城市可负担住房供给，努力创造惠及特殊群体的就业机会，全面推行以移民为侧重的多渠道的社会融入政策。②大力实施包容性共享城市计划。具体做法有：首先，进行共享城市的法制建设，为统筹整体计划提供合法性依据。其次，对市内限制空间或未被善用资源进行活化再利用，如将空间、物业和公园等，通过共建模式重新活化。最后，打造网上交流共享平台。让市民将自己使用率偏低的物品，进行闲置物资置换或出让分享各类有形或无形资产。③充分发挥民间组织、社会和企业的作用。政府积极发动民间组织、社会、企业参与共享城市行动，建立多方协作的参与平台，对认可的机构颁授"共享民间组织或企业"的称号，并提供配套资金，鼓励各方参与创建就业、互助、创业等领域的共享工作空间，提升社会共享程度。

八、运用智慧的数字治理

随着信息化时代的到来，大数据和数字技术革命深刻影响着全球经济、政治、社会。大数据和移动互联网技术在智慧城市建设、城市治理中的功能和价值，通过体制、机制、法制等改进和提升。例如，超大城市运用数字技术能够有效缓解交通、公共服务供给、基础设施建设、公共安全等方面存在的社会治理压力问题。当下的智慧城市治理方式才是真正符合超大城市复杂多元社会有效治理的新模式。这包括以下两方面的内容：①全面构建政府数据开放的政策和制度体系。实现数据的资源共享是超大城市治理的首要条件和基础。首先，立法为先，为数据开放提供有效的法律保障。制定相关的法律法规，明确数据开放的责任和义务。其次，统一平台。构建数据开放的一门式服务模式。例如，伦敦通过建立城市网络数据中心，促进全市交通、安全、经济发展、旅游等跨部门跨行政区数据的整合与共享，在此基础上，构建独立数据开放平台——"伦敦数据商店"，向社会开放有关经济社会发展的 600 多个数据集以及应用型 App，供社会民众和企业免费下载和使用，帮助市民解决生活中遇到的多种问题。②加大"互联网+"、大数据等现代科技在超大城市社会治理中的应用。以政府数据开放为基础，结合智慧城市的建设，鼓励和引导政府数据的社会化应用创新，发现社会运行规律，优化社会治理决策，促进社会治理的智能化，提高城市服务水平和市民的生活品质，成为西方超大城市创新社会治理的重要方向。

第四章　超大城市韧性建设基本框架

《中共中央关于制定国民经济和社会发展第十四个五年规划和 2035 年远景目标纲要》对统筹发展和安全作出战略部署，并提出建设"韧性城市"的重大议题。韧性城市强调在面对自然和社会的慢性压力和急性冲击后，能够凭借其动态平衡、冗余缓冲和自我修复等特性，依然保持抗压、存续、适应和可持续发展的能力，确保快速分散风险、自动调整并恢复稳定。韧性城市被认为是当今风险社会背景下城市安全发展的战略导向和崭新范式。

超大城市系统是一个复杂的超系统，包括城市经济韧性、城市社会韧性、城市生态韧性和城市基础设施韧性四个庞大的分系统，在每一个分系统中又包括内在细致的子系统，在超大城市的发展过程中。这四个分系统相互作用、相互制约，最终构成超大城市韧性建设的模型。由于超大城市系统是以人类为主体的，因此，在超大城市系统中的分系统和子系统均与人有着密切的关系，并影响着城市系统的发展。经济子系统是以市场为导向的，不同时代的市场机制也有所变化。由于市场机制的作用会使劳动力与资金发生一定程度的变化，进而会导致区域发展的相对不平衡，因此，经济子系统的良性发展需要依靠市场的有效调节，充分发挥市场的配置作用。社会子系统中有着不同的生活方式，而不同的生活方式又影响着社会的进步与发展，人类的活动要依靠社会道德以及政府的政策来约束。生态子系统是所有子系统的基础，即人类的任何活动都是在自然生态的基础上进行的，人们在进行经济、社会活动的同时，要合理利用自然资源。

超大城市建设框架如图 4-1 所示。

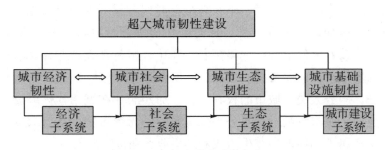

图 4-1 超大城市建设框架

第一节 韧性城市建设的基本原则

一、以人为中心原则

城市是人类居住、生活的重要场所，城市建设关乎百姓生活方方面面。习近平总书记指出："无论是城市规划还是城市建设，无论是新城区建设还是老城区改造，都要坚持以人民为中心，聚焦人民群众的需求，合理安排生产、生活、生态空间，走内涵式、集约型、绿色化的高质量发展路子，努力创造宜业、宜居、宜乐、宜游的良好环境，让人民有更多获得感，为人民创造更加幸福的美好生活。"这一重要论述，深刻揭示了新时代我国城市建设的宗旨、主体、重心、目标，深刻阐明了我国城市建设的方向。因此，人民的城市建设就要构建全方位立体式的人民主体观。这具体体现在"为了谁""谁主导""谁受用""谁检验"。

第一，权利在民。城市化是 21 世纪最重要的全球趋势之一。今天，全世界一半以上人口生活在城市地区，到 2030 年，这个比例预计将升到60%。与此同时，世界人口增长的 90% 将出现在城市中，特别是非洲和亚洲。在许多地方，与快速城市化的趋势同时出现的是，有更多的贫民窟产生，更多人生活在不充分的住房条件下并缺少对住房和土地的保有，更严重的不平等、不公正和歧视。

第二，为了人民。城市建设发展必须坚持人民的主体地位，紧紧依靠人民，一切为了人民。"人民城市"重要理念高度凝炼了城市的根本属性，彰显了城市的人本价值，具有深刻的理论性和鲜明的实践性。韧性城市建设中强调"以人为本"就是要求以实现人的全面发展为目标，从人民的根本利益出发谋发展、促发展，不断满足新时代背景下人民日益增长的美好生活需要。例如，深圳在教育、医疗、住房等领域瞄准"民生七有"目标，一件事接着一件事办，一年接着一年干，坚持在发展中保障和改善民生，不断增强人民的获得感、幸福感、安全感。

第三，服务人民。城市的权利，属于那些居住在城市、体验城市空间的人，也属于城市政策对其不公平的人群——无家可归的人、残疾人、新移民等，还属于那些被剥夺生活权利的失业者和贫困的人。

第四，人民评价、人民检验，即全体城市人民对城市发展效用、城市价值创造进行检验、监督和反馈。其中需要明确的重点有两个方面：公众参与——确保平等的参与权，人民验收——确保最终实现人民的获得感。

二、可持续发展原则

可持续发展是应对全球人类发展危机的重要战略，城市设计是解决城市物质空间环境问题的重要手段。可持续城市设计的本质是以经济、社会、环境治理的协同发展为基础，通过对城市物质空间环境的合理布局，实现生态环保、文脉延续、美观舒适的城市发展目标。如果把城市放置于整个生态系统的全生命周期之中，城市的可持续发展可以从生态环境、历史文化、空间形态和永续发展四个方面进行把握。

第一，生态环境。构建一个稳定的生态安全格局是保障城市可持续发展，实现绿色、节能、环保目标，营造健康良好城市生活的基础条件。城市生态环境包含气候、土地、植被、水体等基本要素，这些要素同时也是城市原生的自然资源，在城市设计中需要重点保护和有机结合。

第二，历史文化。刘易斯·芒福德提出，城市是文化的容器，一座城市的历史就是其文明史。城市的可持续发展，一方面是物质空间环境的可持续，另一方面是非物质的精神意识的可持续。前者是传达精神意识的、外在的空间载体，后者则是演绎物质空间环境的、内在的精神表达。城市的可持续发展应贯彻城市文化遗产保护原则，注重城市文脉的延续和文化艺术的发扬。例如北京古城墙、天津老城厢、济南老火车站的拆除和拆建，以及很多城市老街的拆建都成为历史的遗憾；相反，像巴黎老城区的城市建设不仅在整体格局上体现了对历史文化的传承，更值得学习和借鉴的是其空间环境的精细化设计，以及城市文化要素与自然环境、空间形态的有机融合。

第三，空间形态。城市空间形态是城市可持续发展的重要内容。空间基因决定了城市空间形态及其发展规律。一个好的城市空间形态需要五个指标——活力、感受、适宜、可及性、管理。一个好的城市形态应该是具有活力、可持续发展、安全和协调。一般来讲，城市的布局受到经济、政治、军事、社会等复杂因素的影响，具体形式有网格状布局、组团式布局、带状组团式布局、环形放射状布局、卫星状布局、多中心和组群式布局。城市管理者应基于可持续的城市空间弹性生长理念，根据城市原有的生态环境特征，结合地域气候、地形地貌、大型河流湖泊、植被条件，优先预留弹性的绿色空间和发展备用地，尽量采取多中心组团式的空间结构，在组团之间保留永久性的绿色开放空间，以满足城市未来发展的需求。

第四，永续发展。这是指以善用所有生态体系自然资源为原则，坚持不可降低环境基本存量，强调发展应既满足当代需求，又顾及后代需求，且在利用生物与生态体系时仍能维持其永远的再生不息。它主要有三个面向，即"复杂多样的环境生态""充分活力的开放的繁荣经济"及"安全和谐的福祉社会"，包括世代公平、平衡考量、环境承载、优先预防、社会公义、健康维护、公开参与、科技创新、政策整合和国际参与等基本原则。这一理念的核心是人类发展行为不能超过地球环境的涵容能力，强调只有保持生态环境永续，人类才能实现经济与社会的永续。

三、安全系统原则

第一，安全识别。城市安全风险防控是对可能导致人员伤亡、财产损失及其他不良社会影响的单位、场所、部位、设备设施和活动等进行风险辨识、分析、评价、控制并持续改进的动态过程。其具体包括：重大工程建筑安全，老旧小区、大跨度厂房和仓库、冷链物流、大型商业综合体、高层建筑消防安全，城市轨道交通、道路交通、水路交通、航空运输、铁路运输等交通安全，城市电力、供水、排水、油气管网、燃气、通信、网络等城市"生命线"重要基础设施安全，城市综合体安全，气象灾害、洪涝灾害、地质灾害、海洋灾害、地震灾害、农林生物灾害、森林火灾等自然灾害及其次生衍生灾害安全的识别。另外，网络安全也是城市安全建设的重要领域。

第二，综合协调。城市的建设是由多个部门共同参与的，如城市中的基础设施建筑类部门、经济部门、社会服务类部门、城市发展规划类部门等，这些部门是单独存在的，各自负责发展。但是城市的发展需要可持续性，需要部门之间相互合作，因此，将韧性理念运用到城市规划中，能更好地整合部门之间的资源，对于城市的发展至关重要。城市系统是一个生态社会系统，其潜在的组成部分在空间和时间尺度上呈现出多重联系。

第二节　超大城市经济韧性

所谓经济韧性，指的是一个经济体通过调整经济结构和增长方式，有效应对内外部干扰、抵御冲击，实现经济可持续发展的能力，它是决定一个经济体在遭受冲击之后是"成功复苏并重新实现经济稳步增长"，还是"从此步入经济下行轨道"的关键所在。经济韧性有多方面的具体体现，包括宏观经济韧性、制度韧性、区域发展韧性、城市发展韧性、产业发展韧性以及微观的企业韧性等内容。

一、经济韧性为超大城市发展提供了新动力

现阶段，城市作为新时代高质量发展的主战场，必须坚持把创新摆在经济发展的重要位置，全面激活创新创造的"源头活水"，启动高质量发展的动力引擎。超大城市一方面是国家经济社会发展的中心地带，另一方面也增加了城市系统的脆弱性。世界经济衰退，单边主义、贸易保护主义抬头，国际经济、科技、文化、安全、政治等格局都在发生深刻而复杂的变化。同时，我国进入高质量发展阶段，发展的不平衡不充分问题仍然突出。建设超大城市经济韧性为治理提供了新的思路。

二、集聚经济与城市发展

对于城市发展而言，聚集性其实具有"硬币"的两面性。一方面，城市中空间、经济、资源配置与城市发展相适应，就会推动城市的进步，这是一种良性循环；另一方面，空间组织不合理，扩张规模超出城市发展承载力，就会出现"城市病"，如城市生态环境恶化、交通堵塞、人口与资源不匹配、公共物品供给不足，从而损害城市的公共利益，人民的生活成本增加，破坏城市整体的协调性。

（一）集聚经济促进城市发展

在城市经济体系所具有的各种性质中，集聚性是最根本的性质。马克思说："城市本身表明了人口、生产、工具、资本、享乐和需求的集中；而在乡村所看到的却是完全相反的情况，孤立和分散。"城市无处不彰显着集聚的特性。当人口、经济活动和社会活动为了追求集聚经济而向一定的地域空间集中时，就会诞生一个空间的集聚体，也就是城市。城市的形成也对集聚经济效益有着反馈作用，城市推动集聚效应不断增强，这又进一步增强城市吸引力，提高城市经济增长能力，完善城市空间布局，引发良性循环的发展趋势，最终形成大规模、高效率和高密度的现代城市，成为一个政治、经济、文化等的集聚体，并凭借高水平的人口密度、单位面积的产值优先于农村。

城市经济是一种空间集中的经济。城市中各类生产要素表现出高度的集聚特性，人力资源、社会资本、信息技术、固定资产等大量在同一空间单元中密集分布。不仅如此，各个经济单位间也表现出集聚的趋势，很多从事经济活动的单位在衡量了成本与收益的前提下，会愿意缩短彼此距离，在空间上相互靠近、共生并进，它们的这种集聚行为能够较快地提升效率，促进城市经济更好地发展。

赵春燕、王世平（2021）认为，城市规模和所处区位的不同，使得城市经济集聚水平存在差异。①城市规模越大，专业化集聚程度越高，经济韧性也越强。对于大城市和中等城市，由于城市集聚规模较大、集聚水平较高，因此城市中的企业、商品、服务以及高技能劳动力等集聚程度也较高，从而为企业生产提供大量的中间投入品、较高水平的服务和人力资本，加之城市规模越大，城市研发投入越大、创新水平越高，因而有效推动了城市多种产业的协调发展，提升了城市多样化生产程度。另外，从消费侧来说，消费者更愿意集聚在多样化程度更高的城市。生产企业集聚和消费者集聚之间的正向自我强化机制，加速了大中城市多样化集聚和城市经济发展，从而强化了城市经济韧性。对于小城市而言，专业化集聚是提升小城市经济韧性的核心因素，可能的原因在于：小城市的生产率、研发投入、人力资本以及产业发展优惠政策等均无法与大中城市相比，因此小城市通常利用本地资源禀赋，从事传统产业的专业化生产经营活动，以此来发挥自身的比较优势。同一产业的生产企业在小城市集聚，产生的 MAR 外部性使得该产业所有企业既可以共享特定的劳动力市场池以及技术与管理等信息、加强产业内上下游企业的联系，还可以加强企业之间的竞争，从而进一步提高企业生产率和城市生产率，提升城市经济韧性。②东部城市和中部城市的经济集聚对城市经济韧性的影响显著为正，且经济集聚对东部城市的影响程度大于中部城市，西部城市经济集聚对城市经济韧性的影响不显著。因此，中国城市应该进一步提高经济集聚水平，充分发挥经济集聚对提升城市经济韧性、增强城市应对外部冲击能力的积极作用。

（二）集聚经济产生城市问题

与城市经济正集聚效应相反，集聚性也会出现负面的效应。例如，随着城市的不断扩张，现代化水平提高会驱动人口向大城市集聚，越来越多的人口流入大城市。随着城镇化进程的加快，很多地方新建了大量的工业园、新城，还有基础设施，这种新城建设模式，没有结合城市发展的规律，即人口要集聚，人流、物流、信息流的便捷度要提高。于是，一些地方出现了人口增长乏力，甚至人口负增长。不仅新建的房子和基础设施闲置，连原来的老城区都有可能出现人口的流出和建筑闲置。

三、经济韧性与城市发展

城市在有限的空间内浓缩了人类生活的种种要素，也完成了各类市场的高度集中，使之成为相互交织的网络体系。尽管城市的形成与发展是社会、经济、环境等多种因素共同作用的产物，但是以经济学的眼光探索时，人们就会发现任何生活在社会中的人及其活动都有经济的理性烙印。因此，城市的架构及完善，从产生到不断演化的每一个环节，都有经济因素，经济力量对经济效率的追求始终是决定城市形成与发展的关键因素，可以说，城市就是人口和经济活动在空间上大规模集中的综合体系。城市经济是城市空间内一切经济部门和经济活动的总称，因此，经济意义上的城市除了具有系统性、关联性共同特点外，还具有外部性、空间性及集聚性。

（1）外部性是城市经济不容忽视的特征。在一个城市内部，人口密集，厂商汇聚，各类生产生活行为在空间上集中进行，是相互依赖、影响，由此形成广泛的外部性特征。外部性因素可能会带来正、反两方面的结果：正的外部性，是指城市经济对外部的积极影响，也就是说，私人成本高于社会成本，或者私人收益低于社会收益，如城市道路的拓展、基础设施的完善给企业和居民带来便利和收益；负的外部性，是指城市经济具有消极的外部影响，也就是私人成本低于社会成本的现象，如工业污染、交通拥挤等。

（2）经济有着显著的空间性特征。城市是各类行为主体区位选择的市场均衡结果，而城市经济的运行则是人口和经济活动在特定、有限空间的集聚、扩散、再集聚的过程。换句话说，这种区位选择和空间布局的发展变化就是城市经济运行的过程。居民、企业及各种组织的区位选择和空间布局，一方面决定着交通运输成本的高低、相互之间协作利益的多寡等城市集聚利益的大小，另一方面也决定着相互干扰、排斥等摩擦成本的高低，即城市集聚成本的大小，从而决定着整体城市集聚效益的高低。所以，城市经济的空间性是直接决定城市系统的运转状况和经济潜力的重要特征。

（3）集聚效应是一种常见的经济现象。经济学认为，集聚经济是指各种产业和经济活动在空间上集中产生的经济效果以及吸引经济向一定地区靠近的向心力，是导致城市形成和不断扩大的基本因素。集聚效果是指在社会经济活动中，有关生产和服务职能在地域上集中产生的经济和社会效果。在地理空间上高度集聚的新产业极大地促进了区域经济的发展和科技创新，成为这些国家和地区的经济竞争力的典型代表。

四、经济韧性的表现

经济韧性，指的是一个经济体通过调整经济结构和增长方式，有效应对内外部干扰、抵御冲击，实现经济可持续发展的能力。判断一个城市经济的强弱可以从抵抗力、恢复力和进化力三个维度展开。首先，经济韧性应该具备抵抗风险的能力。经济抵抗力包含六个方面：经济发展水平、就业水平、经济对外开放水平、社会保障水平、固定资产投资水平、制造业增长速度。其次，经济韧性还体现在经历波动后快速恢复的能力。经济恢复力包含六个方面：经济集聚水平、财政自给水平、市场潜力、金融业水平、产业结构多样、信息化发展水平。最后，经济韧性还需要适应变化和不断变革的能力。经济进化力包含六个方面：创新水平、研发投入、创业活力、数字经济增长速度、产业结构高级度、新经济和新动能发展水平。具体城市经济韧性指标如表4-1所示。

表 4-1　城市经济韧性指标

一级指标		二级指标	计算方式
城市经济韧性指标体系	抵抗力	经济发展水平	
		就业水平	
		经济对外开放水平	经济对外开放水平（%）= 进出口总额/GDP
		社会保障水平	社会保障水平（%）= 社会保障支出/地方政府预算支出
		固定资产投资水平	固定资产投资水平（%）= 全社会固定资产投资/GDP
		制造业增长速度	
	恢复力	经济集聚水平	经济集聚水平（个/平方千米）= 规模以上工业企业数量/城区面积
		财政自给水平	财政自给水平（%）= 地方政府预算支出/地方政府预算收入
		市场潜力	
		金融业水平	金融业水平（%）= 金融机构存贷款余额/GDP
		产业结构多样	
		信息化发展水平	信息化发展水平（%）= 电信业务总量/GDP
	进化力	创新水平	创新水平（个/亿元）= 发明专利申请量/GDP
		研发投入	研发投入（%）= 研究与试验发展经费/GDP
		创业活力	创业活力（%）= 城镇私营个体从业人员/城市常住人口
		数字经济增长速度	
		产业结构高级度	产业结构高级度（%）= 一产比例×1+二产比例×2+三产比例×3
		新经济和新动能发展水平	新经济和新动能发展水平（%）= 战略性新兴产业产值/工业总产值

注：作者根据文献整理。

第三节　超大城市社会韧性

一、社会韧性为超大城市发展提供了新保障

在日趋复杂的现代社会，高风险性成为我们所处时代的显性特征。传统风险与非传统风险并存，自然灾害风险、公共卫生风险、社会不稳定风险交织，构建具有韧性的社会系统成为实现社会安全稳定的重要保障。城市社会韧性建设是考查城市社会治理成效是否显著的重要依据，也是韧性城市建设的重要组成部分。提升城市的社会韧性，是保障城市运行的强有力保障。城市的社会系统是由个人、组织以及各种制度相互联系交织形成的有机整体，与人民的生活密切相关。因此，城市的建设依靠人民的力量，城市的发展为人民服务。

二、社会"脆弱性"与社会"恢复力"

"脆弱性"和"恢复力"这对概念并非同时产生，灾害社会学研究者首先发现的是"脆弱性"问题。社会"脆弱性"概括为三个层次：一是社会根源性，包括贫困、权力结构和资源限定、意识形态、经济体系等；二是社会要素，包括公共设施、教育、投资环境、人口增长、社会城市化、环境污染等；三是脆弱的环境，包括经济脆弱和生活环境脆弱。因此，社会"脆弱性"会形成生活贫困、社会排斥、资源匮乏、公共服务缺失等。社会"恢复力"实质上与"社会资本"同类，是社会内部的凝聚力、交往能力以及解决问题的能力。其可概括为两类：一是社会文化内部深处的、真正恢复社会元气的动力；二是从社会系统内部抵御社会脆弱冲击的承受力。

三、社会韧性指标

社会韧性，是韧性城市的重要组成部分，指社会在遭遇破坏性力量时有维持社会整合、保证社会有效运行的能力，这种能力使得社会结构在面临冲击和破坏时不至于解散和崩溃。它体现了一个社会抵御风险、适应压力和挑战的综合素质。社会韧性包括经济、政治、文化和社会结构多个方面的因素，具体来看包含九个方面：①社会资源的储备和供给能力；②社

会资本的厚度和社会保障机制；③科学风险管控治理；④社会参与和动员；⑤社会结构；⑥公共服务水平；⑦社会治理能力；⑧社会包容度；⑨社会组织韧性（详见表4-2）。

表 4-2　城市社会韧性指标

内容	影响
社会资源的储备和供给能力	影响社会面对外部灾难的承受能力
社会资本的厚度和社会保障机制	有助于缓解外部灾难的影响
科学的风险管控治理	有助于阻止灾难冲击下的风险扩散
社会参与和动员	有利于实现灾难后的社会经济恢复
社会结构	优化社会结构，如壮大中等收入群体，优化城市社会阶层结构，防止阶层固化和社会僵化
公共服务水平	改善公共服务，如社保、养老、医疗保健、就业、教育等领域的改革，增强对城市居民的社会保障能力
社会治理能力	强化社会治理，提高社会治理的科学化、精细化、智能化水平
社会包容度	加大对重点群体、弱势群体的关爱保障力度，完善现代社会救助体系
社会组织韧性	增强城市生态韧性，包括贯彻生态文明理念、推进生态保护和修复、加快城市产业生态转型以及构筑城市生态空间

　　以上各个因素共同影响支撑社会稳定的运行和发展，需要用系统思维整体把握，不能只顾局部。例如，一个经济发达、产业体系齐全、产业链完整的城市或地区，其社会韧性和社会风险抵御能力也可能偏弱。这是因为，尽管社会韧性是一个城市或地区综合实力的体现，但如同木桶定律，决定社会韧性底线阈值的往往是风险抵御能力最弱的群体，也就是处在社会最底层、经济状况最糟糕的群体。提高超大城市社会韧性就是要秉持"多元包容"的理念，打破人群间的隔离，鼓励社交互动，赋予弱势群体在城市生活的能力。因此，首先，要增加低收入群体收入。低收入群体决定了社会韧性的底线。提高低收入群体的收入及其抵御风险的能力，才能有效增强社会韧性。其次，要优化分配模式。收入分配结果影响着社会韧性，收入分配模式也影响着社会韧性。让低收入群体能够更快获得收入和

补贴并减少损耗，是社会风险应对的重点。其中，救助、补贴的发放方式和速度都可能直接影响相关群体的风险抵御能力。最后，要加强弱势群体的社会融入。打破空间隔离，加强社区间的物理联系，通过公益活动、公益项目等多样化的活动方式加强弱势社区和族群之间的融合；打破知识隔离，增强弱势群体学习参与度，提供普及数字化教学平台的支持；打破社交隔离，关注多元融合交流，避免阶层固化，形成开放包容的社会风气。

四、韧性社区分类

社区是聚居在一定地域范围内的人们所组成的社会生活共同体，是社会系统最重要的组成部分。社区与社会两者之间既有区别又有联系。

区别在于：①在空间地域、组织范围上，社区比社会小，社区的地域范围比社会更小、更具体。②在成员关系上，社区比社会更具凝聚力，同一社区的居民普遍具有共同归属感，相互间的关系较一般社会成员更加亲密，甚至具有共同的价值观念。③在社会功能上，社区比社会的功能更加具体和专门化，社区更加接近生活，社会则更多执行国家的功能，在功能方面更接近国家。

联系在于：①社区是社会的一部分。社区所拥有的人口、地域和设施都是社会的一部分。②社区是一个社会的缩影，社区内部人员、地域等具体因素的多少和大小，决定了其内部关系的复杂程度。一个韧性的城市离不开韧性的社区，社会韧性需要韧性的社区。依据社区内部、外部脆弱性的高低可将其划分为脆性社区、韧性社区、刚性社区和柔性社区四类。

第一类，脆性社区——指内部、外部脆弱性高的社区。具体来说，这类社区外部抗冲击能力弱。面对突发公共事件冲击时，由于基础设施建设不完善、应急物资储备不足、空间规划不合理等原因，这类社区无法为社区居民搭建起应急保护屏障。除此之外社区内部不稳定。在社会层面，各类组织之间无法形成一个良性的联动机制；在经济层面，社区居民的经济活力不高；在管理层面，没有行之有效的应急管理预案；在居民层面，部分居民缺乏安全意识，对社区认同感不强，参与突发公共事件治理的积极性较低，这些因素都会导致脆性社区内部脆弱性增强。各类老旧小区"三不管"是脆性社区的典型表现。

第二类，韧性社区——指内部、外部脆弱性低的社区。具体来说，韧性社区是以社区共同行动为基础，能连接内外资源、有效抵御灾害与风险，并从有害影响中恢复，保持可持续发展的能动社区。韧性社区往往外部抗冲击能力强，能够抵御外部环境给社区基础设施带来的冲击。此外社区内部稳定，具备强大的可恢复能力；面对突发公共事件的冲击，韧性社区能够将经济因素、人口因素、社会因素、社区资本、管理因素有效整合，推动社区内部系统的良性循环。

第三类，刚性社区——指外部脆弱性低、内部脆弱性高的社区。刚性社区外部抗冲击能力强，基础设施完备，空间结构规划合理，面对外部冲击的干扰，可以为居民提供充足的基础保障。但这类社区因为人口众多、结构复杂、居民流动性强且情感疏离，一旦发生公共事件，容易对日常社区管理造成超常负荷，导致社区无法完成弹性管理，恢复能力较差。

第四类，柔性社区——指外部脆弱性高、内部脆弱性低的社区。该类社区外部抗冲击的能力弱，社区的硬件设施相对老化，物资储备不足，但社区内部可恢复能力强。这类社区内部的各类主体能够协调配合，有效激发社区的内生动力，从而将突发公共事件带来的风险降低。

脆弱性影响下的社区分类如表4-3所示。

表4-3　脆弱性影响下的社区分类

		外部脆弱性	
		高	低
内部脆弱性	高	脆性社区	刚性社区
	低	柔性社区	韧性社区

五、韧性社区指标

社区作为社会最重要的构成单元，其社区韧性的建设程度，对超大城市韧性建设有着重要的影响作用。本书根据之前学者的研究成果，总结出城市社区四个韧性指标——防御能力、自组织能力、适应能力和提升能力（见表4-4）。①防御能力是超大城市社区最重要的灾害预防能力；拥有这种能力，社区能够在灾害发生的前期将风险程度降低。社区由于自身资源贫乏承灾能力弱，当灾害强度超过社区承灾能力时，社区系统就会瘫痪。相反，具有韧性的社区在面对灾害时能够凭借充足的资源、成熟的应急预案及演练维持社区正常运转，保证社区组织管理有条不紊、基础设施和防灾设施正常运行。②自组织能力。社区内部通常会建立由政府主导的自救式网络，自发开展救援，增强社区的韧性和凝聚力，提高社区内居民的社区共同体意识。③适应能力。社区通过不断调整自身应对外界环境变化并保证社区正常运行。灾害发生时，社区周边的可用救灾资源可迅速帮助社区应急力量展开救援以及灾后恢复工作。④提升能力。进一步提升社区技术，加快对基层社区治理数字资源的运用，促进技术空间与社区现实的融合，以科学规划和技术韧性为抓手，提升社区韧性的能力。

表4-4　城市社区韧性指标

一级指标	二级指标	三级指标
防御能力	社区设施韧性	基础设施
		防灾设施
		应急避难场所
		应急预案编制
		应急预案演练
		社区应急物资储备
		家庭应急物资储备
自组织能力	社区组织韧性	灾害应急管理指挥系统
		社区网络化管理
		社区重视程度
	居民抗灾能力	居民应急演练
		居民防灾技能
	社会资本	社区综合应急队伍
		社区公众参与
		社区联结能力
适应能力	社区救灾可用资源	应急医疗救护系统
		应急消防设施系统
	社区应急疏散情况	应急通道畅通情况
		应急指示标志系统完善程度
	社区经济适应能力	社区有防灾基金支持防灾减灾

表4-4(续)

一级指标	二级指标	三级指标
提升能力	社区防灾智能化	防灾设施智能化管理
		灾害监测预警智能化
	防灾减灾规划	规划要素完整度

第四节　超大城市基础建设韧性

一、基础建设韧性为超大城市提供新要素

城市基础设施韧性作为城市基础设施系统面对扰动事件的应急反应以及减少负面影响的能力，已成为评估城市基础设施体系是否高效运转的重要标准，也构成韧性城市的重要组成部分。城市的基础设施是保障城市系统正常运转、支撑城市可持续发展的生命线工程，也是维持城市功能发挥的关键。对城市而言，灾害发生后城市基础设施的建设成熟度是城市抵抗冲击的关键，提高城市基础设施韧性就是完善城市抵抗灾害和风险的硬件系统，保障社会运转和生产活动的正常运行，更好地支持城市的各项发展。

二、基础设施韧性指标

从生命系统启发和韧性的特点分析来看，增强城市基础设施韧性需要城市免疫力（灾前预防、物理抵抗和安全管理）、城市治愈力（灾时应急救援）、城市恢复力（灾后安全恢复能力）三个全周期管理要素。

（1）城市免疫力。免疫力，是韧性能力的关键。党的二十大报告强调："坚持安全第一、预防为主，建立大安全大应急框架，完善公共安全体系，推动公共安全治理模式向事前预防转型。"事前预防目标就是实现人民至上、生命至上，避免城市暴露于灾害之中。超大城市中的各种基础设施建设的防御能力是城市系统免疫力的基本能力之一。其具体包括：城市电力免疫力、城市水资源和防汛免疫力、城市燃气免疫力、城市道路免疫力、城市通信设施免疫力（见表4-5）。以上属于城市基础设施，是城市安全运行的生命线。为此，应构建"全链条"城市安全防控技术体系，

形成燃气、供水排水、电力、道路、通信、管道等城市生命线工程的城市安全空间。从长期来看，超大城市韧性建设的最终目标就是提升城市的免疫力。

表 4-5　城市基础设施免疫力指标

一级指标	二级指标	三级指标
免疫力	城市电力免疫力	电力系统备用率
		安全风险管控
		隐患排查
		安全责任体系
		社会化服务体系
		科技创新应用
	城市水资源和防汛免疫力	中心城镇雨水排水能力
		安全风险管控
		隐患排查
		安全责任体系
		社会化服务体系
		科技创新应用
		供水管网漏损率
	城市燃气免疫力	燃气安全风险管控
		隐患排查
		安全问题整改
		安全责任体系
		社会化服务体系
		科技创新应用

表4-5(续)

一级指标	二级指标	三级指标
免疫力	城市道路免疫力	路桥隧安全耐久水平
		隐患排查
		安全问题整改
		安全责任体系
		社会化服务体系
		科技创新应用
		安全风险管控
		交通枢纽抗灾能力
	城市通信设施免疫力	5G基站密度
		隐患排查治理
		安全问题整改情况
		安全责任体系
		社会化服务体系
		科技创新应用
		万人5G基站数

（2）城市治愈力。治愈力，是有效控制风险损失的能力，是超大城市韧性能力的重要内容，是从冲击中快速恢复的基础。不同类型的风险造成的灾害损失也不同。治愈力在机制层面是要建立一套权责明晰的响应机制，能够在危机和冲击下迅速启动，及时精准地控制危机带来的危害。超大城市的治愈力具体包括：城市电力治愈力、城市水资源治愈力、城市燃气治愈力、城市道路治愈力、城市通信设施治愈力（见表4-6）。

表 4-6　城市基础设施治愈力指标

一级指标	二级指标	三级指标
治愈力	城市电力治愈力	中心城区和重点区域供电达成率
		安全发展专项规划
		安全发展总体规划

表4-6(续)

一级指标	二级指标	三级指标
治愈力	城市水资源治愈力	安全发展专项规划
		安全发展总体规划
	城市燃气治愈力	天然气应急储备达成率
		安全发展专项规划
		安全发展总体规划
	城市道路治愈力	城市应急管理单元主要疏散通道
		安全发展专项规划
		安全发展总体规划
	城市通信设施治愈力	灾害储备系统
		安全发展专项规划
		安全发展总体规划

（3）城市恢复力。恢复力，对于城市安全来说是重要的保障能力。党的二十大报告提出"提高防灾减灾救灾和重大突发公共事件处置保障能力"，恢复能力首先表现为应急处置能力。统筹应急资源，建立快速反应、有效应对的应急机制，确保事故发生后，能以最快速度实施救援，最大程度降低事故损失。超大城市恢复力具体包括：城市电力恢复力、城市水资源和防汛恢复力、城市燃气恢复力、城市道路恢复力、城市通信设施恢复力（见表4-7）。

表4-7　城市基础设施恢复力指标

一级指标	二级指标	三级指标
恢复力	城市电力恢复力	应急管理体系
		应急演练方案
		电力需求响应能力
		应急救援救灾能力

表4-7（续）

一级指标	二级指标	三级指标
恢复力	城市水资源和防汛恢复力	应急管理体系
		应急演练方案
		应急救援救灾能力
		水库调度能力
	城市燃气恢复力	应急管理体系
		应急演练方案
		应急救援救灾能力
	城市道路恢复力	应急管理体系
		应急演练方案
		交通抢险达标率
		应急救援救灾能力
	城市通信设施恢复力	应急管路体系
		通信抢险达标率
		应急救援救灾能力
		应急演练方案

城市韧性能力看似复杂，但抓住免疫力、治愈力、恢复力就能根据特点找到提升的路径。

第五节　超大城市生态韧性

生态是文明诞生、延续的重要基础。生态文明是物质、政治、精神、社会、生态"五个文明"的重要组成部分。城市是多样文明的空间化集聚，是文明的核心标志与空间载体。因此，要构建可持续的城市社会。一个社会的可持续性由两个要素构成：一个是可持续性，指没有威胁地球生命的不利因素；另一个韧性，指抵御不利冲击并且恢复原状的能力。生态资源是影响人类可持续发展的重要资源。

一、生态韧性为超大城市发展提供了新方向

城市是经济增长的中心，但也是能源、资源消耗的中心，是污染物排放的集中地区，承担着社会进步、经济发展、资源节约、环境保护等多重艰巨任务，有维护生态环境安全和保障经济社会发展相结合的重要使命。在我国，随着城市化进程的加快，资金、资源、人口等多方面的转移和变化都会影响生态环境的承载能力，尤其是超大城市生态韧性建设越来越得到重视——重视城市的生态韧性，促进超大城市生态系统的良性循环，从而保证资源与超大城市发展相适应。

二、城市变迁与生态问题

对于城市发展的阶段性划分，国内外有不少相关研究，本书将借鉴学者陈群元和喻定权关于城市发展阶段的研究，将城市发展阶段分为农业社会城市（第一阶段）、工业社会城市（第二阶段）、后工业社会（信息化）城市（第三阶段）、生态城市（第四阶段）（见表4-8）。从城市发展阶段可以发现，在不同的社会、经济、人口与技术条件下，人们面临的生态问题其实有所不同。在农业社会，城市面临的生态问题是如何在多样自然生态中选择安全、适宜人与城市存在的空间，规避不利于人存在的空间；在工业社会，城市面临的生态问题是如何应对工业发展带来的环境污染和生态破坏；全球城市社会语境下，人们面临的生态问题则是如何应对在全球、区域、局部各层面全面存在的生态环境问题；在信息化后社会，城市面临的问题是如何实现自然、社会和经济三者和谐共生、可持续发展。

表4-8　城市社会发展阶段

类型	特点	问题
农业社会城市 （第一阶段）	城市规模小，城市功能简单，城市结构和形态较单纯	
工业社会城市 （第二阶段）	城市人口迅速增加，城市功能多样，工业城市大量兴起	城市问题出现，城市分布不均衡
后工业社会 （信息化）城市 （第三阶段）	城市郊区化，城镇密集区和大都市带出现	城市生态环境问题突出，世界城市发展不均衡

表4-8(续)

类型	特点	问题
生态城市 （第四阶段）	强调自然、社会和经济三者和谐共生（理想型城市）	

随着城镇化不断发展，城市建设步伐不断加快，城市人口不断集聚，无形中对城市的生态系统带来压力。这种压力包括：生态绿化遭到破坏，水资源被过度开发，大气和土壤受到污染，城市发生热岛效应、洪涝灾害等。未来城市化进程加快，还会进一步催生更多的资源环境矛盾，引发人与地理环境的关系的深刻变革。因此，必须保护城市生态环境，增强城市生态韧性。

三、生态韧性指标

目前，城市的韧性指标没有统一，现有的学术研究主要围绕经济、社会、生态和基础设施建设四个维度展开。本书根据城市生态问题提出了三类问题：①与生存相关的城市生态问题；②与生产相关的城市生态问题，如空气污染、工业固体废弃物污染等；③与生活相关的城市生态问题，如城市垃圾、温室效应产生等。以上三类问题会随着社会经济的发展和环境治理观念的转变相互转化。通过参考国内外学者相关研究，并基于韧性的构成（抵抗力、适应力、恢复力）本书提出了生态韧性的三个阶段。其中，抵抗力表示城市生态系统抵抗外力干扰的能力，内容包括单位面积GDP、人口密度、单位 GDP 工业废水排放量、单位 GDP 工业烟粉尘排放量、每平方千米二氧化硫排放量、建成区用地面积。适应力反映生态系统维持稳定的能力，内容包括生活垃圾无害化处理率、生活污水处理率、一般工业固体废物综合利用率。恢复力体现生态系统遭受危害后返回干扰前状态的潜力，内容包括建成区绿化率、人均公园绿地面积、人均水资源占有量、人均土地面积。具体如表 4-9 所示。

表 4-9　城市生态韧性指标

类别		指标
生态韧性	抵抗力	单位面积 GDP
		人口密度
		单位 GDP 工业废水排放量
		单位 GDP 工业烟粉尘排放量
		每平方千米工业二氧化硫排放量
		建成区用地面积
	适应力	生活垃圾无害化处理率
		生活污水处理率
		一般工业固体废物综合利用率
	恢复力	建成区绿化率
		人均公园绿地面积
		人均水资源占有量
		人均土地面积

注：作者根据文献整理。

四、未来生态城市的发展要义

党的二十大报告提出，以中国式现代化全面推进中华民族伟大复兴。人与自然和谐共生，是中国式现代化的重要内容。

（一）生态城市特点

生态城市，从广义上讲，是建立在人类对人与自然关系更深刻认识的基础上的新的文化观，是按照生态学原则建立起来的社会、经济、自然协调发展的新型社会关系，是有效地利用环境资源实现可持续发展的新的生产和生活方式。生态城市具有以下特点：一是和谐性。生态城市的和谐性，不仅仅反映在人与自然的关系上，人与自然共生共荣，人回归自然，贴近自然，自然融于城市，更重要的是反映在人与人的关系上。人类活动促进了经济增长，却没能实现人类自身的同步发展。生态城市要营造满足人类自身进化需求的环境，充满人情味，文化气息浓郁，拥有强有力的互帮互助的群体，富有生机与活力。二是持续性。生态城市以可持续发展思想为指导，兼顾不同时期和空间的具体情况合理配置资源，公平地满足现代人及后代人在发展和环境方面的需要，不因眼前的利益而以"掠夺"的方式促进城市暂时"繁荣"，保证城市社会经济健康、持续、协调发展。三是整体性。生态城市不是单单追求环境优美或自身繁荣，而是兼顾社会、经济和环境三者的效益，不仅重视经济发展与生态环境协调，更重视对人类质量的提高，是在整体协调的新秩序下寻求发展。

（二）生态城市类型

生态城市没有固定模式，公园城市、绿色城市、园林城市、山水城市、健康城市等都是生态城市探索过程中的类型，其本质都是追求人与自然和谐相处的人居环境。目前，从城市资源禀赋和发展来看，生态城市共有资源生态城市、滨海生态城市、经济复合生态城市、循环经济生态城市、社会生态城市五种过渡型生态城市（见表4-10）。

表4-10　生态城市类型

类型	特征
资源生态城市	这类城市依靠本地特有的自然资源，特别是与当地气候条件有关的自然资源来建设生态城市
滨海生态城市	这类城市主要是针对沿海地区的中小型城市来说的，它依靠自身优越的地理条件和有利的区位优势，能建立更强的对外经济关系，并且由于其生态系统规模较小，产业结构转型快，能够及时解决当地的环境污染问题
经济复合生态城市	这类城市注重城市的经济发展和社会发展，经济发展水平是决定这种城市建设生态城市的关键指标，有了物质财富，城市建设才有充足的实力
循环经济生态城市	这类城市以循环经济的模式来建设生态城市，其目的是追求人与自然的和谐，在城市建设良好的生态环境，以实现良好的循环为核心，实现经济发展、环境保护和社会进步的全面融合
社会生态城市	这类城市又叫政治型生态城市。这类城市具有较强的政治意义，一般为国家的首都。其政治地位突出，国际影响大，城市职能相对较少，集中表现在政治、文化和教育上。其服务业占非常大的比例，城市公共绿地覆盖率高，人居环境优越，居民福利待遇高

（三）生态城市的内容

近年来，我国许多地区积极开展了生态城市建设实践，在城市空间、环境、产业、建筑、交通、能源等方面进行了有益的生态探索，取得了良好的阶段性成果。但总体来看，生态城市建设的内容主要有：

（1）资源高效利用。生态城市是一个真正意义上的可持续发展的社会。所有的原材料和能源得到合理、高效的利用，能够让城市具有绿草如茵、青山绿水的城市景观的能源和绿地系统。

（2）产业结构优化。在生态城市中发展的产业都必须以不破坏生态平衡为前提，为此，必须大力发展高新技术产业，利用新技术改造传统产业。生态城市的产业必定有三个共同点：第一，应用先进技术发展生态农业和都市园林；第二，旅游业以生态旅游为特色；第三，环保产业发达并有一定的带动性。

生态城市建设主要内容如表4-11所示。

表4-11　生态城市建设主要内容

	内容	典型做法
城市生命	水资源利用	开发各种节水技术节约用水；雨污分流，建设储存雨水的设施，路面采用不含锌的材料，下水道口采取隔油措施等，并通过湿地等进行自然净化
	能源	节约能源，建筑物充分利用阳光，开发密封性能好的材料，使用节能电器等；开发永续能源和再生能源，充分利用太阳能、风能、水能、生物制气。能源利用的最终方式是电和氢，气体污染达到最小
	交通	使用电力或清洁燃料；通过集中城市化、提高货运费用、发展耐用物品来减少交通需求；提高交通用地的利用效率
	绿地系统	打破城郊界限，扩大城市生态系统的范围，努力增加绿化量，提高城市绿地率、覆盖率和人均绿地面积，调控好公共绿地均匀度
人居环境	生态建筑	开发各种节水、节能生态建筑技术，建筑设计中开发利用太阳能，采用自然通风，使用无污染材料，增强居住环境的健康性和舒适性；减少建筑对自然环境的不利影响
	生态景观	强调历史文化的延续，突出多样性的人文景观
生态产业	高效渐进过程和谐的生态网络型、进化型产业	注重改变生产工艺，合理选择生产模式

表4-11(续)

	内容	典型做法
环境教育	市场条件	与经济利益结合，将环保事业推向市场
	合作机会	学校、机关、社区等，扩大社会影响
	宣传思想	将生态思想转化为每个人日常生活中的切实行动
	政策法令	强制执行

（四）生态城市的目标

生态城市的建设目标是人类与其生活的环境，包括自然环境、社会环境和经济环境等和谐共处，使城市发展与区域发展同步化、城市社会经济和生态关系协调并实现可持续发展。

目前，人们已经认识到城市中的人、生物与环境已经成为一个相互依赖、共同发展的不可分割的整体。随着城市人口的增加与城市生态环境的恶化，那种高效、健康和平等的生态城市必然会成为城市未来发展的主要方向。人类所追求的生态城市不仅是蓝天、碧水这种形态上的目标，还应该是城市生态功能健全并能充分发挥，并通过良性的生态机制，使城市的生态形象和生态功能与城市的社会经济发展统一协调。

【案例4-1】 英国贝丁顿零碳社区

贝丁顿是全球第一个零碳社区①，位于英国伦敦南部的萨顿镇，始建于2000年，占地面积1.65公顷，拥有160多户住宅。贝丁顿社区也是上海世博园零碳馆的原型，曾获得英国皇家建筑师协会斯特林奖（RIBA Stirling Prize）——世界上最负盛名的英国建筑奖。

设计师比尔·邓斯特（Bill Dunster）在可持续发展社区领域开展多年的研究，借助贝丁顿综合供能方式、被动式设计、可持续生活方式开展实践探索，将自给自足的碳中和社区从理想变成了现实。

社区建筑全部采用被动式和产居一体设计理念。一方面，采用住宅区向南、办公区向北、屋面30度倾角、屋顶设空中花园的设计，保证建筑高密度下太阳能利用效率和采暖效率最大化，同时有效减少热量损失；另一

---

① 零碳社区就是指在社区内发展绿色建筑，创新低碳技术，倡导绿色生活，构建高效、节能、循环利用的体系，通过碳减排和碳中和措施，在社区的建造、改造、运营的各个阶段实现区域内二氧化碳净排放量小于或者等于零的社区。

方面，采用增厚保温墙体、密闭围护结构、热回收风帽、天然采光等方式，有效减少热传导和散热面积，平均可节约81%的热能和45%的电能消耗。

在能源供给方面，社区建设小型生物质能发电站，用当地废弃木屑作为燃料保障80%的社区用电；同时，在建筑屋顶、外墙和玻璃上安装太阳能板，实现建筑体由"耗能"向"产能"转变。

社区在建设阶段，全部使用可回收建筑材料以减少资源浪费，使用污水回用体系降低58%的耗水量。在运营阶段，社区建立了全方位的节能降碳体系，为居民提供免费且充足的充电站点和自行车停放空间，同时统一加装可视智能电表、有效提升房间亮度的浅色装饰，从细节上引导居民节约用电。

此外，社区倡导低碳环保的生活方式，每家每户设置隔离回收箱，由相关部门统一回收；提供种植园地、低碳咖啡馆和多功能市场，鼓励居民从衣食住行各个方面减少浪费。

贝丁顿社区为伦敦实现可持续发展提供了新的发展路径，也为英国实现碳中和提供了先进理念和技术探索。

第五章　世界韧性城市建设的实践与启示

第一节　世界韧性城市建设的实践探索

一、国外韧性城市建设

韧性城市的倡导与建设起源于欧美西方国家。2002年，倡导地区可持续发展国际理事会在联合国可持续发展全球峰会上提出"韧性城市"概念；2012年，联合国减灾署启动亚洲城市应对气候变化韧性网；2013年5月，由洛克菲勒基金会创立的"100韧性城市组织"致力于帮助全球城市增强韧性，以应对日益频发的自然、社会及经济方面的威胁和挑战。韧性城市建设倡导者，以美国纽约和洛杉矶、日本、英国伦敦等为典型代表，它们成为研究者关注的焦点（见表5-1）。综合来看，国外韧性城市建设的基本经验主要体现为以下三个方面：①城市基础设施建设是韧性城市建设的基本内容，而科学的城市规划是韧性城市建设的基础性工作；②政府的相关战略规划和制度安排为城市公共安全治理现代化提供了根本保障；③提升社区韧性，优化城市韧性。

表 5-1　国外韧性城市建设情况

倡导者	项目名称	时间	韧性城市计划或目标
美国纽约	一个更强大，更有韧性的纽约	2013 年	目标：应对桑迪飓风的影响 内容：强调扶贫，加强以社会公平为核心的社会韧性、绿色生态与硬化工程相结合为核心的气候韧性；颁布《气候防护标准》《韧性评估指南》《气候风险信息》等增强组织韧性；改造道路、住宅、供水排水、医院、沿海防洪设施等，加强基础设施韧性
美国洛杉矶	韧性的洛杉矶	2018 年	内容：确保个人和企业的财务安全；建立社区网络和组织，以增强社区韧性；制定可衡量的目标，确立响应的优先级；在全球范围内发展韧性合作伙伴
日本	国土强韧化行动计划	2013 年	目标：保障居民生命财产安全；最大可能使国家重要机构能承受大灾害的打击；确保公共设施的运行，最大限度控制灾害损失；尽快实现灾后恢复重建
英国伦敦	增强城市韧性战略计划	2011 年	目标：对抗洪水、干旱和高温 内容：构建"伦敦气候变化公司协力机制"；出台《英国气候影响计划》；成立气候变化和能源部；增加公园和绿化
洛克菲勒基金会	全球 100 个韧性城市	2013 年	目标：帮助世界各地的城市应对 21 世纪不断增长的物质、社会和经济挑战

注：作者根据文献整理。

下面以纽约、伦敦、东京为例予以说明。

（一）纽约

纽约作为世界闻名的国际大都市，拥有雄厚的经济实力，但也面临着收入不平衡日益加剧、居住成本持续升高、核心基础设施不断老化等城市问题。为此，纽约市于 2015 年 4 月发布名为《一个强大而公正的纽约》的城市发展规划。该规划提出了四个具体的发展愿景，分别为增长和繁荣的城市、公正和公平的城市、可持续的城市以及有韧性的城市，其中可持续与有韧性均体现了韧性城市建设的基本思想。这表明，纽约不仅致力于成为世界最有活力的经济体，也强调要正视 21 世纪日益严峻的气候变化等潜在危机，计划通过增强社区、社会和经济的韧性，使每条街区更加安全，建设最可持续的超大城市。

规划中提出了多项韧性城市建设举措。这些措施涵盖基础设施韧性、经济韧性、社会韧性和制度韧性四个维度：第一，在基础设施韧性方面，做好应急准备和规划，调整区域基础设施系统；强化海防线以应对全球变暖带来的洪水和海平面上涨，为重要的沿海保护项目吸引新资金。第二，在经济韧性方面，重点监督建筑、电力、运输和固体废物四大关键行业的温室气体排放，以应对气候变化。第三，在社会韧性方面，加强并完善社区组织，强调社区在应急行动中的基础性作用。第四，在制度韧性方面，调整政府部门应对洪水、气候变化、空气污染等突发事件的应急方案，完善专项计划与相关制度设计。

纽约市还提出旨在促进城市信息基础设施建设、提高公共服务水平的"智慧城市"计划，并于2009年宣布启动"城市互联"行动。通过信息化建设的纽约市已经成为全球知识和信息交流中心与创新中心。纽约市政府于2015年公布了《一个纽约：繁荣而公平的城市发展规划》（One NYC: the Plan for a Strong and Just City），提出新的发展愿景——增长（growth）、平等（equity）、可持续（sustainability）、弹性（resiliency），并将建设智慧城市作为实现愿景的主要路径和手段。

【案例5-1】纽约智慧城市建设

近年来纽约市政府对下水道系统进行了一系列维修和改造：建立全市下水道电子地图，清晰显示市内下水管道和相关设施，方便施工人员进入下水道清淤等；通过在下水道井盖下方安装电子监视器，对水流、水质、堵塞等情况适时不间断监测——当下水道堵塞水流水位高于警戒线时，监视器就会自动发出警报，工作人员根据监视器发回的信息及时采取相应措施，最大限度地预防灾害的发生。这进一步提高了全市下水道的运行能力。

纽约市制定PLANYC和市民行为设计指南，从土地、水源、交通、能源、基础设施、气候等方面制订相应的实施计划，通过对城市温室气体排放的智能管理和市民参与式城市治理，实现到2030年将纽约建成"21世纪第一个可持续发展的城市"战略目标。目前，纽约市启动"纽约市规划计划"，对该市每座面积超过4 645平方米的建筑物的能源使用情况进行年度测量和披露，旨在将纽约建设成为一个更加绿色、更加美好的城市。

纽约智慧交通的建设始于20世纪末，目前已建成一套智能化、覆盖全市的智慧交通信息系统，成为全美最发达的公共运输系统之一。纽约智能交通信息服务系统可以及时跟踪、监测全市所有交通状况，极大方便了机动车驾驶者根据信息系统发布的交通拥堵和绕行最佳路线信息选择行驶路线，以及相关部门根据后台智能监控系统提供的路况信息进行交通疏通处理。纽约在全市范围内广泛推行E-Zpass电子不停车收费系统，这种收费系统每车收费耗时不到两秒，而收费通道的通行能力是人工收费通道的5~10倍。

新时期西方超大城市治理变革的重点战略选择是以智慧公平城市方案为重点，进行社会公平治理。

（二）伦敦

伦敦是一个多元化、开放和充满活力的城市。在两千多年中，伦敦城历经波折，却能繁荣昌盛、生生不息，原因在于其具有抵御外部冲击的能力、适应变化和应对剧变的能力。伦敦从2002年开始每年举办"伦敦韧性峰会"，并逐步探索建立了一套以"伦敦韧性峰会"为中心，包括伦敦地区韧性项目委员会、风险顾问小组、韧性工作组、消防和应急规划局、地方韧性论坛和市区韧性论坛7个不同性质的机构在内的城市风险管理组织体系，提高城市风险防范和应急管理能力。与此同时，伦敦从城市韧性建设的整体性、综合性和系统性要求出发，注重创建跨地域、跨部门、跨领域的协同建设机制，克服"烟囱"效应，整合资源，形成合力，确保韧性城市建设项目的有效实施。在2011年，为了提高城市应对极端气候能力和市民生活质量，伦敦发布了《城市气候变化适应战略 管理风险和增强韧性规划》。该规划在系统性评估气候变化影响的基础上，从经济、环境、健康和基础设施四个维度出发，围绕预防、准备、响应和复原四个不同阶段制定了相应措施，其目的是降低干旱、高温和洪水三类极端气候变化导致的自然灾害对城市造成的不利影响。2020年3月，大伦敦市政府基于城市韧性框架（CRF）对包括大伦敦规划（草案）、环境战略、交通战略、职业技能战略、社会融合战略等9个市级重要战略进行了分析评估，作为对伦敦城市韧性战略编制的支撑。其中，大伦敦规划（草案）覆盖了大部分韧性目标，未覆盖的部分则通过如环境战略、交通战略等市级战略和其他政府工作计划解决，如技能、社会融合和平等、多样性和包容性战略。

伦敦的许多压力，与城市建筑和基础设施老化以及人口增长相关。这主要包括：缺少社会凝聚力、社会不公、空气质量不佳、食物不安全、住房可负担性和品质欠佳、基础设施老化、健康及福利不佳和英国脱欧。根据城市发展需要，伦敦城市韧性建设部门先后出台了《伦敦规划》《伦敦韧性战略》《管理风险和增强韧性》政策报告等。其中《伦敦韧性战略》认为只有识别城市面临的主要冲击和长期压力，才能制订相关的行动计划。冲击是指突发事件，压力是指城市慢性问题。《伦敦韧性战略》主要内容是韧性的人、场所和过程。该战略主要分为以下几个步骤：

第一步是定义韧性城市。韧性城市主要具备以下七个方面的特征：一是具有包容性。进行城市规划应广泛咨询公众的意见，尽可能地让利益相关者广泛参与其中。二是具有融合性。韧性城市需要不同机构、不同部门和专业领域之间的沟通，从而使城市韧性利益最大化。三是适应性。城市发展是动态的过程，相关的规划、设计需要随着城市发展不断地修改，从而适应城市发展。四是具有冗余性。城市中关键的功能设施应具备一定的备用模块，当灾害突然发生并造成部分设施功能受损时，备用的模块可以及时补充，整个系统仍能发挥一定水平的功能，而不至于彻底瘫痪。五是具有稳健性。城市规划有严格的编制依据和管理流程，能够指导城市因地制宜地制定城市韧性发展战略。六是具有反思性。城市发展要经常总结经验，不断吸取教训。七是多样替代性。城市韧性的发展必须具有可替代的方法。

第二步是识别城市的主要风险和长期压力。主要依据是《伦敦风险登记册》[①]。按照风险的相关性对风险等级进行主题分组，包括事故和系统故障、人类和动物疾病、社会风险、自然危害、网络攻击和恐怖主义威胁等主题，并按照风险由高到低的顺序进行排列。风险发生的可能性可分为低、中等低、中等、中等高、高五个等级。通过评估和识别发现的城市面临的冲击包括干旱、恐怖袭击、洪水、极端天气、网络攻击、基础设施失灵、传染病等。气候变化带来的自然灾害，如极端天气，干旱、热浪、暴雨、洪涝都会给城市的基础设施产生压力，如影响电力供应、电信基础设施停运、交通瘫痪甚至威胁生命财产安全。城市的压力包括社会融合不足、不平等、空气质量差、食品安全问题、住房不可负担、基础设施老

---

① 伦敦韧性论坛于 2021 年发布，采用 2019 年国家安全风险评估（NSRA）中的安全风险，通过背景分析、灾害识别和定位评估、风险分析、风险应对方法、监测和回顾六个步骤对伦敦的主要风险进行评估和识别。

化、健康状况和福祉不佳、脱欧等长期会削弱城市功能的事件。城市中不同社会阶层如果收入差距巨大，受威胁最大的是弱势群体，这些威胁如住房缺乏、经济收入过低、社会保障缺乏、健康状况堪忧等。此外，各类压力之间还会产生相互作用，如果不充分了解和纾解这些压力，可能会对城市管理和从冲击中恢复韧性产生不利影响。

伦敦的城市建设体现区域协作意识，伦敦市区与周边区域共同构成大伦敦，以分工合作促进城市区域发展。伦敦市于2015年3月发布《伦敦规划》，以大伦敦为规划对象，旨在到2036年建设成为全球顶级城市。规划提出了六个具体的发展愿景，分别为有效应对经济和人口增长挑战的社会城市，国际竞争力强、成功的城市，拥有多样化、强大保障和高可达性街区的城市，让人愉悦的城市，低碳节能的世界级环保城市，所有人都能轻松、安全、方便地找到工作和享受服务设施的城市。可以看出，规划中所强调的积极应对经济、人口尤其气候变化的挑战，多样化社区建设，以及低碳节能环保的理念，均体现了韧性城市的基本思想。

伦敦不仅致力于为个人和企业创造更多机会，提高环境标准和生活质量，同时具有风险防范意识，提出要引领世界应对21世纪的城市挑战，特别是气候变化所带来的挑战。伦敦规划中提出了多项韧性城市建设举措：第一，在基础设施韧性方面，重点改善中小企业、社区与中心城区的基础设施配套，增强内伦敦与外伦敦的联结。第二，在经济韧性方面，严格执行二氧化碳减排制度，因地施策，对不同企业、建筑和区域设定差异化的减排目标。第三，在社会韧性方面，与市镇、相关机构、志愿部门加强合作，实现医疗资源与保障性住房的最大化供给，关注特殊群体的公共服务水平。第四，在制度韧性方面，完善大伦敦区域的政府协调机制，推动地方当局就英格兰东部和东南部的安全可持续发展管理展开充分协商。

（三）东京

在2014年12月东京发布的《创造未来——东京都长期战略报告》提出了多项韧性城市建设举措：在基础设施韧性方面，完善主要公路、机场线等交通要道的道路设施建设，增强地区间的可达性；在经济韧性方面，践行低碳可持续的发展理念，规制生产企业减少能耗，鼓励新能源的开发和使用；在社会韧性方面，提高建筑抗震抗灾的等级，做好应对突发灾害的应急预案与准备工作；在制度韧性方面，政府履行好维护公共安全治安的职责，加强治安监控与安保志愿队伍建设。

根据日本《国土强韧化基本法》和《国家强韧化基本规划》，东京都于 2016 年提出了东京都国土强韧性地域规划。东京还提出到 2030 年要在社会福利、经济活力、城市基础设施、艺术文化振兴等方面超过伦敦、纽约、巴黎等城市。东京规划中提出了多项韧性城市建设举措。

2023 年东京都政府更新发布"未来的东京"战略 2023 版。该版本更新提出以下四个措施：一是增强"人"的力量，激发"人"的力量。主要内容包括：①儿童优先的社会。②人才培养，激发个性，发挥社会的力量。二是增强东京魅力，培育新的成长苗头，使东京成为世界领先的城市。主要内容包括：①增强东京的存在感，向世界传递影响力。②调整产业结构。推动中小企业向成长型产业领域转型。③提升城市功能。完善市中心、临海地区地铁等交通网络。三是安全、安心、可持续，确保"安全无忧"成为所有城市活动的基础，实现可持续发展。主要内容包括：①加强对生命健康财产的保护。在特殊地区推出新的防护措施，完善地方医疗体制，包括建立 24 小时诊疗体制和综合诊疗体制。②实现脱碳社会。为新建住宅等安装太阳能电池板出台支持政策。制定在东京都内安装大太阳能发电设备的新目标。四是努力超越以往的体制，对阻碍增长的社会结构和规则进行改革。主要内容包括：①都政机构改革。改变都厅的工作方式，加快制度改革。推进数据驱动的都政，实现东京都厅的复兴。②重新审视东京都政府的做法。各部门合作制定措施，开展数字技术的宣传，推进政策的执行。③与政府合作进行体制改革。消除对大学学生数量增加的限制，加大儿童和育儿支持力度，加快 5G 网络建设速度，加快可再生能源的普及。

二、国内韧性城市建设

国内韧性城市建设起步较晚，目前尚处于初始阶段。2011 年 8 月，在成都市召开的以"让城市更具韧性"和"关注城市发展与合作：构建人类宜居和可持续发展城市"为主题的"第二届世界城市科学发展论坛暨首届防灾减灾市长峰会"上，通过了《让城市更具韧性"十大指标体系"成都行动宣言》，这是我国城市建设首次提到"韧性"概念。2014 年 12 月 3 日，湖北省黄石市和四川省德阳市成功入选"全球 100 韧性城市"（第二批）35 个城市之一。浙江的义乌、海盐于 2016 年 6 月申报成功。德阳、义乌和海盐是在国家发展改革委的指导下申报成功的，而黄石市则是独自申报成功的。这是目前我国进入"全球100韧性城市"的四大城市。除了以上4个韧性城市外，国内其他城市如北京、南京、成都等也在进行韧性城市建设的探索（见表5-2）。由于城市历史和发展特色不一，韧性城市建设的重点也存在差异，为我国推广韧性城市建设和提高城市公共安全治理水平提供了有益的经验，主要表现在以下方面：①在对现有城市的整体建设韧性评估的基础之上编制未来的建设规划，以实现韧性城市规划向常态化发展；②建立健全生态韧性指标体系，为韧性城市建设提供重要导向；③充分调动社会力量参与公共安全治理。

表5-2　国内韧性城市建设情况

城市	项目名称	时间	韧性城市计划或目标
黄石	全球100韧性城市	2015年	建设"海绵城市"；打造更具韧性的经济；制定韧性城市规划
德阳	全球100韧性城市	2016年	推进各项公共项目建设；通过城市生态环境治理与修复进一步增强城市承载力，提升城市建设发展的综合效益
海盐	全球100韧性城市	2017年	坚持"绿色生产、绿色生活、绿色生态"的绿色发展之路。
义乌	全球100韧性城市	2017年	全力打造全球小商品贸易中心、国际陆港城市、创新创业活力之都、文明幸福和谐之城
北京	《北京城市总体规划（2016—2035年）》《关于加快推进韧性城市建设的指导意见》	2017年	计划到2025年建成50个韧性社区、韧性街区或韧性项目
南京	《南京市"十四五"应急体系建设（含安全生产）规划》	2021年	市区分别建设不少于5支和3支重点专业应急救援队伍；强化应急救助，将自然灾害发生后受灾群众基本生活得到有效安置时间由12小时缩短为10小时之内
成都	智慧韧性安全城市	2020年	锁定"可持续发展世界城市"的目标，推动超大城市治理体系和治理能力现代化，用智慧、韧性、安全和可持续描绘出城市未来发展的美好图景

注：作者根据文献整理。

（一）黄石

湖北省黄石市属于典型的老工业城市，数十年高强度开采已使城市资源枯竭，工业的衰落给黄石市的经济发展带来了巨大的挑战，黄石市现面临着生态系统破坏，城市配套基础设施老旧、不完善，城市空间结构不合理，城市经济结构失衡，城市失业人口较多，社会保障压力较大等一系列问题。2008年黄石市向国务院申报"资源枯竭性城市"。2013年黄石市确立了"生态立市、产业强市、建设现代化大城市"的城市发展战略。2014年12月，在美国洛克菲勒基金会组织召开的"城市韧性峰会"上，湖北黄石、四川德阳从全球331个竞争的城市中脱颖而出，成为第二批35个韧性城市成员。2015年11月，黄石市成功加入"全球100韧性城市"计划，获得"全球100韧性城市"总部无偿支持的价值500万美元的物资或服务，主要用于韧性城市规划、项目建设、人才培训和技术援助等方面。黄石市韧性城市建设主要有以下五个方面的内容：

第一，推动城市经济绿色转型，打造韧性经济系统。首先，推进资源枯竭型城市转型。转型走旅游城市与文化城市的发展道路，发展生态产业，发展城市绿色经济。积极推进产业结构的转型升级，为打造韧性经济奠定基础。其次，推进产业创新。黄石市在战略规划指导下，不断加快新兴产业培育，重点发展金融服务业，完善节能环保、绿色低碳的经济体系。

第二，更新城市改造，增强社会韧性。首先，大幅度推进老城区改造。黄石市对老城区的空间重新进行布局，将以往的工业园区合理搬迁，在搬迁空地上建设公园、配备文化体育设施等；同时，为提高城市居民的居住质量，以老城区棚改工作为抓手，加快棚户区与老旧危居民楼征收改造工作，并且及时创新房屋征收机制。其次，加大房屋供给。面对日益严峻的房屋供给短缺问题，黄石市推进创新住房供应体系行动计划，实施租购并举、租售同权住房制度，建立住房租赁市场和产权置换通道，培育政府、企业和个人三方共担的新型租赁市场，着力解决新生代、新就业人员、外来务工人员等的住房问题。最后，优化城市公共环境。黄石市为改善城市公共环境，出台了多种措施，全面加大长江保护力度，加强对工矿废弃地的绿色治理。在坚持生态立市的战略目标下，加大生态环境修复力度，打造绿色生态宜居环境。同时，加大制度建设和监督力度，减少负面效应，提升城市公共环境质量。

第三，加强基础设施建设，增强城市基础设施韧性。首先，加大市政基础设施改建力度。黄石市积极推进管网建设，优化城市排水电力网络等市政设施，建设地下综合管网，提升城市基础设施的韧性。同时，加强市政应急基础设施建设，包括应急照明系统、应急疏散地点建设和防灾建设加固，构建城市防灾体系。其次，提高城市道路交通设施改造水平。黄石市积极推动老城区道路改造，按照实际需要对老城区相关道路进行拓宽和翻修。打造1小时工作交通生活圈。统筹城市地上地下设施规划建设。加强城市交通综合系统建设。最后，加快城市基本公共服务设施建设。黄石市存在人口数量多、城市居住密度大的特点，市政府一方面大力升级改造原有的基础设施，另一方面新建商业、教育、文化等基本公共服务设施，增强城市生活服务功能。

第四，提高环境治理水平，增强城市生态韧性。加强排涝改造，有效治理内涝。黄石市在雨季存在洪涝灾害的隐患，面对这一问题，市政府积极推行老旧城市管道系统改造，更新疏通下水管道，疏通城市排水的各个"毛细血管"。不断提升城市环境治理水平，增强城市生态韧性。

第五，强化人才队伍建设，为韧性城市提供人才支撑。首先，积极引进高水平人才。黄石市开展韧性城市建设以来，高度重视人才队伍建设，创建了一批以韧性城市建设项目为依托的人才集聚平台，重点引进了一批韧性城市建设方面的专业技术精英。同时，黄石市依托自身高教园区和靠近全国重要人才城市（武汉）的比较优势，积极开展招才引智。高水平人才的引进为黄石市韧性城市建设提供了智力资本和人才保障，加快了韧性城市建设的步伐，成为黄石市韧性城市建设的重要经验。其次，积极培养韧性城市建设人才。黄石市委托高校培养了一大批从理论到实践的高水平人才，并与清华大学未来城镇与基础设施研究院正式签订了战略合作框架协议，举行了"清华大学韧性城市建设（黄石）基地"授牌仪式。黄石市借助清华大学等知名高等院校的专家学者的力量，构建起了产学研联盟的创新体系，共同推进黄石市的韧性城市建设。利用研究项目推进韧性城市建设，利用研究项目培育挑选优秀人才，这些都为黄石市韧性城市建设提供了人才和智力保障。

（二）上海

上海位于我国东南沿海长江三角洲地区，是重要的全球城市和国内典型的超大规模城市，面临"气候变化下的自然灾害韧性""危化品产用中的事故灾害韧性""重大公共卫生事件的防疫韧性""基础设施日常运行的系统韧性"四大核心议题。作为我国超大城市之一，上海现下辖16个区，总面积为6 340.5平方千米，常住人口为2 487.45万人，市场主体有270多万家，地铁运营总里程已达700千米，地铁日均客流达1 200万人次，拥有30层以上的高层建筑1 500多幢，建筑总量达13亿多平方米，拥有路灯、消防栓等城市部件1 495万个，住宅小区1.4万多个，电梯24万余台，水、电、气、油等地下管网设施长度达12万多千米。上海作为全国超大城市之一，具有复杂系统特征，人口、建筑、经济和基础设施高度密集，致灾因素交织叠加，主要体现在：自然灾害风险有增无减，海平面升高、平均气温升高，致使台风频发、潮位趋高、强对流天气多发、暴雨强度加大，黄浦江沿线及东海沿线风险源密集，易造成大险大灾以及次生、衍生灾害；除此之外，城市运行风险载体量大面广，上海现有老旧小区3 500余个，24米以上的高层建筑超过6万幢，100米以上超高层建筑超过1 000幢，3万平方米以上的城市综合体有306个。原因主要有：应急管理统筹协调机制发挥不足；灾害事故风险综合防控能力不强；基层基础建设力度不够。

自2020年《上海市综合防灾减灾规划（2022—2035年）》的编制，韧性城市建设开展了先期探索研究。重点聚焦"韧性"和"综合"两大理念。在韧性理念上，重点贯彻落实《上海市国民经济和社会发展第十四个五年规划和二〇三五年远景目标纲要》共建安全韧性城市要求，首次按照功能韧性、过程韧性和系统韧性三个方面研究制定城市综合防灾安全韧性措施。围绕韧性提出2035年主要目标：到2035年，城市综合防灾安全功能韧性、过程韧性和系统韧性显著增强，城市综合防灾安全维持力、恢复力、发展力全面提升，城市综合防灾减灾体系高效科学，城市综合防灾安全空间韧性格局初步形成，重要防灾减灾工程布局科学合理，安全韧性城市基本建成，具有世界影响力的社会主义现代化国际大都市的城市安全保障能力全方位增强，人民群众生活更安全、更放心。

为了更好地应对超大城市发展带来的各种"城市病"问题，提高上海韧性城市建设水平，从满足城市居民生存保障、生命健康、就业生计、社会交往和高效治理等需求出发，以"更可持续的韧性生态之城"为发展目标，上海市以《上海城市总体战略规划2017—2035》为引领，建立专业研究机构、市场主体、社会公众等多主体参与的规划互动平台，科学制定

《上海韧性安全城市建设总体战略规划》（简称《规划》），从安全韧性、社会韧性、技术韧性、智慧韧性四个维度，通过组织赋能、社区治理赋能、技术赋能来加强上海安全韧性城市建设。为推动国家治理体系和治理能力现代化贡献上海智慧、上海样本，上海市根据《规划》内容制定了上海韧性城市规划指标体系。具体指标如下：①生命线系统。为了保障城市居民生存应急需要，韧性城市要具备水源地；能源设施的模块化布置及连通程度；饮用水、能源和食物的应急储备率和覆盖人口比例；重要生命线工程设施设防标准；菜市场可步行 10 分钟覆盖率。②重要建筑物。韧性城市必须有坚固、安全的建筑物。其中重要建筑物设防标准要具有抵抗灾害的能力，超高层建筑的数量要与城市规模相适应；应急指挥场所要具有恢复力和适应力；应急避难场所人均避难的面积要达到《上海城市国土空间总体规划（2017—2035）》要求；消防救援要实现 5 分钟内可达到受灾覆盖面。③连接系统。在规划中要体现灾害危险区的重要交通设施和重要通信基础设施比例相适应；重要公共服务设施的可达性。④医疗服务系统。保障城市居民有病可医；韧性城市建设规划要考虑到每十万人应急医疗设施用地面积；社区医疗卫生服务设施步行 15 分钟覆盖率。⑤污水处理系统。根据《可持续发展城市和社区——韧性城市指标体系》，污水、废弃物处理厂（站）的模块化布置程度要与城市发展相适应；排水系统覆盖率和雨污分流比例；既要有抵抗灾害的能力，也要有吸收排水的能力。⑥开放空间系统。根据《国土空间规划城市体检评估规程》《城市绿地防灾避险设计导则》，韧性城市开放的空间中河湖水面率要适当提高；生态空间面积占比要与城市发展相适应；防灾避险要考虑城市绿地比例。

目前，上海超大城市韧性建设主要关注以下方面：一是提高基础设施韧性程度。拥有高韧性的城市生命线系统和基础设施体系，是打造韧性城市的基础和前提。对城市所有存量生命线工程系统（城市供排水系统、供气系统、通信系统和电力系统）进行全方位大排查，找准脆弱点，针对存在破损、陈旧、低标准的设施管线、防洪设施等，开展"补短板、强弱项"专项行动，对城市旧区改造和老旧小区综合改造，统筹规划设计，全面提升城市生命线系统对城市发展的承载力和对不确定性风险的抵御力。二是打造城市数字化应急指挥平台。政务服务"一网通办"、城市运行"一网统管"是城市的最强数据支撑平台。实现对城市运行状态的全领域、全周期、全时段、全生命过程的健康安全体检，为城市安全运行托底，为韧性城市提供强有力的信息化支撑，推动"物联数联智联"的城市数字化转型。

【案例5-2】上海市构建"一网统管"城市运行系统

2021年，上海城市运行数字体征1.0版上线，它除了完成基础架构的搭建，还重点完成了软硬件和数据基础设施的建设，形成了一套较为完整的城市运行基本体征指标体系，直观初步实现"一屏观天下"，反映城市运行的宏观态势。在数据资源整合方面，上海市依托市、区两级大数据资源平台完成了城市运行基本体征指标体系涉及的26家单位共230个数据需求的归集、服务接口开发及数据共享工作，整合接入相关领域22家单位33个专题应用，初步实现"一网管全城"。上海市"一网统管"以实现全面感知态势、智能预判趋势、统筹调度资源、人机协同行动为目标，坚持城市治理"全生命周期"理念，推进市、区、街镇跨层级、跨部门协同联动，同时明确市级平台要为全市"一网统管"建设提供统一规范和标准，完善市级重大事项现场指挥处置功能；区级平台要发挥枢纽、支撑功能，强化本区域个性化应用的开发和叠加能力，为区和街镇、网格实战应用提供更多有力保障；街镇平台要对城市治理的具体问题及时妥善处置，对重点难点问题开展联勤联动。此外，"一网统管"在人员摸排、社区防护、流行病学调查、预报预测等方面也发挥了积极作用。2021年，上海市"一网统管"系统2.0版上线，市级平台汇集50多个部门的185个系统、近千个应用，初步形成贯通市、区、街镇三级，覆盖经济治理、社会治理、城市治理的城市工作体系，有力提升了上海市的治理体系和城市治理能力现代化水平。

（三）杭州

杭州市作为全球最大的移动支付之城，我国信息化、数字化建设的领先城市，近年来在智慧政务、智慧公共服务和智慧产业等领域取得了举世瞩目的成就。基于数字城管运行成果，杭州市成为住房城乡建设部"城市综合管理服务平台"建设的首批试点城市和样板城市之一。

在市民个人办事领域，梳理简化个人办事事项，同时开发杭州办事服务综合自助机和杭州办事服务App，为市民提供各类便民服务。杭州市梳理出592项公民个人办事事项，通过落实"四个一律取消"（一律取消没有法律法规依据的、能通过个人现有证照证明的、能采取申请人书面承诺方式解决的、能通过网络核验的事项）和"四个减"（减事项、减次数、减材料、减时间）。

在城管建设方面，杭州市智慧城管将重点打造综合指挥体系，着力建设"城市大脑城管系统"，深入推进数字城管再升级，全面提升城市管理智慧化水平、城市运行效能及管理水平。依托城市大脑，构建"四个一"云上城管，其中"四"的意思是：建成全市"一个停车场"，围绕"管理、服务、付费、决策、运营"五位一体核心功能，搭建全国首个城市级停车系统，建设4 500个停车场（库）、126万个泊位接入，基本实现全市覆盖；实现全市"一个画面"，率先在全国借助数字电视播控安全技术，构建了集联网、联播、联控于一体的户外电子屏"三联平台"，做到"同一座城市、同一种声音、同一个画面"；建成全市"一把闸刀"，实现城市照明集中控制指挥、路灯单灯管理和实时监测预警，形成全市景观亮灯同一幅画卷；建设全市"一个驾驶舱"，实现一个界面展示全市城市管理运行状态，提高预警预测和应急处置能力，实现统一调度指挥和分析研判决策。

【案例5-3】杭州市打造移动办事之城及城市大脑

杭州城市大脑建设提出了"531"的逻辑体系架构。"5"即"五个一"：打通"一张网"，一张确保数据无障碍流动的网；做大"一朵云"，将各类云资源链接在一起；汇聚"一个库"，形成城市级数据仓库；建设"一个中枢"，作为数据、各系统互联互通的核心层；建强"一个大脑"，在全市实施统一架构、一体化实施。"3"即"三个通"：第一个"通"是市、区、部门间互联互通；第二个"通"是中枢、系统、平台、场景互联互通；第三个"通"是政府与市场的互联互通。"1"即"一个新的城市基础设施"。城市大脑通过全面打通各类数据，接入各业务系统，实施融合计算，为城市配备一个会思考、能迭代进化的数字化基础设施。

杭州市通过城市大脑建设，推动政府数据开放共享，促进社会事业数据融合和资源整合，提升政府整体数据分析能力，为有效处理复杂的社会问题提供新的手段，建立"用数据说话、用数据决策、用数据管理、用数据创新"的机制，实现基于数据的科学决策，推动政府管理理念和社会治理模式进步，加快建设法治政府、创新政府、廉洁政府和服务型政府，逐步实现政府治理能力现代化。

第二节　国内超大城市韧性治理实践探索

一、上海市

2018 年，习近平总书记在考察浦东新区城市运行综合管理中心时强调，提高城市管理水平，要在科学化、精细化、智能化上下功夫。作为全市试点的浦东新区城市运行综合管理中心，以高度集成的智慧管理体系，用细心、耐心和巧心努力精准"绣"出城市美好图景，希望每一次"落针"都能高效地解决社会痛点，满足百姓需求。浦东新区"一网统管"的实践与探索聚焦城市运行痛点问题和管理的现实需求，进行了引用开发。浦东新区以"高效处置一件事"为目标，以提升线上线下协同的街区精细管理品质为出发点，聚焦新区街区市容环境秩序管理的特点和趋势，由浦东新区城管执法局通过微平台建设、智能车巡探索、街面场景开发，以"点、线、面"三个维度，逐步构建新区街区精细化、立体化、全方位的数字化治理体系。

东明路街道地处三林世博辐射地区，是伴随着上海、浦东大动迁、大开发而形成的年轻街道，也是老旧动迁小区集中的纯居住型社区，智能化基础设施严重缺位，短板弱项较多。为提高城市管理效能，补齐街道智能化短板，根据市领导关于城市运行"一网统管"的指示精神，市城运中心和市大数据中心对街镇"一网统管"的建设要求以及浦东新区"两办"下发的文件明确的建设标准，东明路街道将城市运行"一网统管"工作列为街道未来规划的重点工作之一，按照智能化、可视化、场景化的设计原则，计划在智能化基础设施和个性化场景应用两个方面进行提升建设。主要建设内容和功能作用涉及两大方面、七个模块。在智能化基础设施提升建设方面，主要建设模块包括智慧社区基础设施提升、街道视频汇聚和数据应用及设备管理系统、街道视频会商系统；在个性化场景应用建设方面，主要建设模块包括噪声管理场景化应用建设、街面管理场景化应用建设、街面垃圾分类管控场景化应用建设、消防安全管理场景化应用建设。

在社区基础设施提升方面，建设内容包括新增 87 个车辆抓拍和 33 个人脸抓拍系统，新建 120 路视频上云服务；提供设备智能运维平台服务，支持接入全区 3 000 路摄像头，通过运维平台实现各种服务类设备、图像类设备、网络类设备的应用监管，从而实现智能监控、智能巡检、智能诊断、智能工单、资产管理等功能。为了提高小区监控设施的有效利用率，拟订了将 500 个模拟摄像头改为高清数字摄像头的设施改造提升计划，从而实现小区的平安建设。在街面垃圾分类管控场景化应用建设方面。经排摸，辖区内目前有 1 200 余家商户，计划通过扫描每家商铺门牌的二维码，上门收运垃圾；对于分类质量差的形成工单，上门处置，完成闭环，形成实效管理、质量管理、全周期管理；以电子地图的形式展示辖区商户垃圾分类情况，为不断提升垃圾分类质量提供数据分析依据，从而解决垃圾分类的质量问题。

浦东新区城市"一网统管"让治理要素实现全领域、更精细。打开浦东"城市大脑"3.0 版本的日常管理界面可以看到，全区的实有人口、安全隐患、轨道交通、消防井盖、电力设施等涉及人、事、物的治理要素实现了全域覆盖。治理要素是构建智能化场景的最核心因素，浦东"城市大脑"迭代升级后，覆盖公共安全、建设交通、综合执法、应急管理等七大领域，形成治理要素一张总图，实现对数据资源、治理要素的全息全景呈现，使管理变得更精细。

二、深圳市

深圳市甘泉路近零碳示范社区位于福田区，是获得联合国人居署麦慕娜·谢里夫（Maimunah M. Sharif）女士高度称赞的高品质社区。社区在建设初期采用数字化和智能建造技术，所有新建和改造项目全部达到绿建标准，实现建设阶段最大限度的节能减排。

甘泉路社区是高科技运用的典范：一是拥有智慧立体停车库，前沿的停车智慧管理系统可实现无人管控、自动识别、智能支付等多元化场景应用，有效提高了停车效率；二是搭建了社区数字孪生平台，可实现能源精细化管理、节能降碳、环境监测、智慧运营等多种功能。在能源使用上，社区采用外墙和屋顶光伏一体化、太阳能智慧灯杆、太阳能充电座椅等能源供应和自循环利用方式，同时进行空调和照明系统改造提升，实现社区资源最大化利用。

社区的设计和管理充分体现了文化底蕴和人文情怀。一方面，保留了

20 世纪 80 年代初的矿泉水源，结合光伏技术、雨水收集等多种技术，让旧泉眼以零能耗形式形成喷泉，为当地居民保留了"心归之所"；另一方面，利用零碳便民设施、开放式公园、近零碳报告厅等单元，通过文艺演出、社区活动、交流会议等方式，增强了社区居民的文化体验和情感联结，发动大家共同打造低碳、可持续的人居环境。

第三节 世界超大城市韧性建设启示

纵观国内外韧性城市发展情况来看，一方面韧性城市的建设要注重城市物质系统的承灾能力（物理韧性），另一方面也需要关注城市政府、企业、自组织和公民之间的协作应对（治理韧性）。所以，城市韧性能力的建构应当从增强城市物理韧性和治理韧性两个维度入手。

一、物理韧性是城市系统韧性能力的物质基础

一是城市生态系统是城市居民群体生存与发展的前提。玛丽娜·阿尔贝蒂（Marina Alberti）等人认为，城市系统的生态韧性受到城市土地利用强度、景观配置和自然环境，尤其是水环境的连通性的直接影响。所以，韧性城市建设要优化城市空间布局，维持生物多样性，维护城市生态系统的动力机制。二是要加强城市的工程韧性。加强工程韧性主要着眼于基础设施的脆弱性，强调通过增强基础设施的承灾能力来提升其稳定性和安全防御性。

二、治理韧性是城市系统韧性能力的组织支撑

一般而言，城市系统的治理韧性主要包括治理网络和社会建设两个方面，其旨在通过提升治理有效性，降低城市系统的脆弱性。一是构建城市治理的网络体系。一个强有力的城市政府，能够依靠其权威性，实现城市行政机构之间的协调统一，从而保障城市治理的整体性，消解条块之间的结构性张力，构建整体性政府。韧性城市是社区、组织、经济、自然环境及物理设施等不同系统的韧性组合。约瑟夫（Yosef）认为城市韧性是一种前瞻性、以目标为导向的城市发展方式和采取广泛措施来解决城市系统的所有要素，韧性城市就是这些系统的整体。二是城市系统的治理韧性还体

现在社会建设方面。埃亨（Ahern）认为，城市的治理韧性除了体现为高效的治理网络，还应当包括多尺度的网络联结性。这表明要通过建立稳定性城市社会群体结构来提升城市社会韧性。这就要求不同社会群体在面对风险时，采取协作互助的方式，建立各种志愿组织，提升整个社区的风险应对能力。

第六章 超大城市韧性建设分析：
以成都市为例

　　成都市是四川省省会，经济居全国第五，交通网路四通八达，是中国西部核心城市。截至 2023 年末，成都市建成区面积为 1 309.9 平方千米，其中中心城区建成区面积 1 057.5 平方千米，城市道路面积 1.3 亿平方米，共有 12 个区、3 个县，代管都江堰等 5 个县级市，常住人口 2 119 万，城镇化率为 79%。作为人口超 2 000 万的超大城市，随着西部大开发深入推进，成都在国家重大战略部署中占有越来越重要的地位。未来成都市将完善"城市大脑"，做强"末端神经"，推进建设智慧韧性安全城市，提升广大市民的安全感。

第一节　成都市韧性城市建设的必要性分析

一、成都市安全韧性建设面临的问题

　　一是，城市基础设施建设还比较薄弱。基层应急管理体系还不健全，存在力量配置不足、专业素养不够、资金物资短缺等问题。应急管理在基层还存在力度衰减、工作空转的现象，预防和初期处置突发事件的能力有待提升。巨灾情景下的基层救援能力、家庭应急物资储备等还需进一步提升。全社会风险意识不强，部分企业安全生产主体责任未落实，从业人员、社会公众应急避险与自救互救能力较弱，尚未形成安全生产、防灾减灾社会合力。

　　二是，城市韧性应急管理制度有待健全。目前，成都市关于城市韧性的文件和管理办法较少，有的行政法规、制度办法颁布的时间较早，需要

进行修订和完善，否则难以解决新问题。目前，应急管理制度基本上是一事一议，没有形成固定流程，内容较为散乱，而且很多制度的层次不够高，主要是行政法规和部门规章的形式。除此之外，制度侧重于事中处置救援，轻视事前预防阶段和忽略事后恢复阶段。成都市应急管理制度不健全，没有形成长效机制。

三是，城市协同韧性能力有待提升。政府各部门纵横联动不够，城市韧性应急行动在横向部门之间的开展不够畅通，在纵向的联动不够快捷。目前，成都市韧性应急管理的三个委员会组织分别是：应急委、安委会和减灾委。"三委"目前在机制方面还没有形成高效的链接和互通，应急委最重要的统筹功能还没有发挥出应有的作用。部门联动弱，信息共享、联合应急、沟通协商机制不健全。应急指挥横向联动不够通畅，纵向联动不够快捷，尚未满足"跨行业、跨层级、多灾种"应急指挥需求。同时，针对风险管控、应急处置的不同责任主体和各个环节，尚未形成清晰、规范的工作机制和流程规范。

四是，防范化解重大安全风险能力不足。安全风险源头管控存在历史欠账，城市基础设施设防标准还比较低。风险辨识覆盖不全，评估质量不高，重点行业领域隐患排查还存在盲点，风险感知和预警预控手段落后，大量风险游离在感知网络之外。风险和隐患信息未实现数据共享，难以对连锁型、系统性安全风险进行实时监测、综合态势分析和预警。应急救援队伍、应急科技与装备、应急通信和物资等保障还不能完全满足应对急难险重任务的需求，极端灾害快速响应预警和协同应对恢复等制度措施亟待健全和完善。

五是，防灾减灾能力相对不足且短板弱项亟待补弃和加强。防灾减灾救灾体制机制与经济社会发展仍不完全适应，社会力量和市场机制作用尚未得到充分发挥。灾害事故监测预警信息化程度低，重特大灾害综合风险防控、灾害防御能力较薄弱。灾害应急救援与灾后救助短板较突出。相关部门数据信息共享、协同联动的高效运转机制尚不完善，信息化建设至全面应用推广尚有距离。公众防灾意识、基层综合防灾减灾能力仍较为薄弱。

二、成都市安全韧性建设应对的挑战

四川由于其特殊的地理位置和气候环境，自然灾害多发，地质灾害主要包括崩塌、滑坡、泥石流、地面塌陷、地裂缝、地面沉降等。灾害以崩塌、滑坡、泥石流为主，这些灾害具有来势猛、成灾快、数量多、伤亡大、损失大、灾后恢复治理困难的特点，危害十分严重。成都作为超大城市，随着政治、经济和社会的发展，城市韧性建设和城市治理依然面临严峻的挑战。

城市安全形势依然严峻。首先，成都市自然灾害复杂多样且防控治理难度大。自然灾害的突发性、异常性和复杂性较为突出，存在发生局部重大气象灾害、地质灾害、洪涝灾害的可能性。市内洪涝监测预警亟须加强。中心城区雨水管网和排涝设施标准偏低，城市局部地区内涝风险仍然较高。2020 年成都金堂县遭遇有历史记录以来第二大洪峰，沱江干流三皇庙水文站出现洪峰水位 446.55 米，洪峰流量 8 100 立方米每秒，仅比往年最大洪峰流量 8 110 立方米每秒少了 10 立方米每秒，超保证水位 3.71 米，重现期为超 50 年一遇洪水。突发性强，危害性大。破解"水城被水困"的难题，成了考验各方的难题。其次，全市燃气管道更新改造仍存在问题。成都城市老旧燃气管道改造更新一直是成都燃气部门的一项重点工作。目前，城市燃气管网主要以监测可燃气体、压力和流量为主，缺乏管网实时运行安全状态信息，周边施工（打桩、深基坑开挖等）、重载车碾压以及地面沉降等引发的管网运行安全问题不时出现，尤其是老旧小区燃气改造，需要建立并完善常态化排查改造机制。

总之，随着人口规模逐步扩大、城市能级逐步提升，城市空间结构渐趋复杂，多种产业形态相依共存，各类资源要素高频流动集散，化工及危险化学品、建筑施工、交通运输、电力燃气、人员密集场所、城乡防火等行业领域传统风险仍将长期存在，新能源、新材料、新工艺、新产业、新业态、新领域带来的新型风险不断涌现，城市安全日益呈现传统风险与非传统风险叠加，单一风险向复合风险升级，偶发风险向多发风险转变，局部风险向区域性风险蔓延的趋势，城市安全面临更加严峻复杂的形势。

第二节　新时代成都市经济韧性分析

"十四五"时期，成都将处于新一轮科技革命和产业变革方兴未艾、世界经济新旧动能加速转换的关键时期，面临"一带一路"建设、长江经济带发展、西部陆海新通道建设、新时代推进西部大开发、成渝地区双城经济圈建设等国家战略复合叠加带来的发展机遇，面向未来，成都新经济将主动融入国家战略布局，积极顺应技术发展趋势，加快推动城市全方位转型，在构建城市竞争优势和有效化解风险挑战中赢得战略主动，于危机中育先机、于变局中开新局。

一、经济韧性概况

"十三五"时期成都经济发展成效显著。坚持以创新发展培育新动能，城市竞争优势实现战略性重塑。以产业生态圈创新生态链为核心的经济组织方式逐步改进，现代化开放型产业体系加快构建，新经济赋能城市转型发展的引力场作用持续彰显，经济总量超 1.77 万亿元，人均 GDP 达到高收入经济体水平，高新技术产业营业收入突破万亿元，地区生产总值千亿级区（市）县增至 8 个，全员劳动生产率和全要素贡献率分别达到 18.2 万元/人和 48.5%，市场主体达 292.1 万户，新经济企业数量达 45.8 万户，7 家企业达到"独角兽"标准，新职业人群规模位列全国第三，成为"最适宜新经济发展的城市"之一。

（一）经济效益增大

第一，经济发展水平提高。根据四川市（州）地区生产总值统一核算结果，2023 年，全市实现地区生产总值 22 074.7 亿元，按可比价格计算，比上年增长 6.0%。经济活力持续保持，全行业用电量增长 10.5%，新登记市场主体达 60.2 万户，涉税市场主体数量增长 84.0%。税电指数全年始终处于景气区间。

第二，地区生产总值增加。2023 年实现地区生产总值（GDP）22 074.7 亿元，按可比价格计算，比上年增长 6.0%。分产业看，第一产业增加值为 594.9 亿元，增长 3.0%；第二产业增加值为 6 370.9 亿元，增长 3.0%；第三产业增加值为 15 109.0 亿元，增长 7.5%。三次产业对经济增长的贡献率分别为 1.8%、15.4% 和 82.9%。三产业结构为 2.7∶28.9∶68.4。按常住人口计算，人均地区生产总值为 103 465 元，增长 5.5%。

第三，项目资产投资增大。2023 年成都市全社会固定资产投资比上年增长 2.0%。分产业看，第一产业投资增长 0.5%；第二产业投资增长 10.4%，其中工业投资增长 12.0%；第三产业投资增长 0.3%。全年新设外商投资企业 713 家，落户成都的世界 500 强企业达 315 家。外商直接投资

（FDI）到位 22.9 亿美元，新设或增资合同外资 1 000 万美元以上的外资企业 80 家。获批在蓉设立领事机构的国家达到 23 个，国际友城和国际友好合作关系城市达到 110 个。

（二）经济活力增强

第一，消费活力持续激发。2023 年，成都市聚焦国际消费中心城市建设，全面落实国家"恢复和扩大消费 20 条"，消费活力持续激发，实现社会消费品零售总额 10 001.6 亿元，比上年增长 10.0%。按经营单位所在地分，城镇消费品零售额达 9 591.8 亿元，增长 10.0%；乡村消费品零售额达 409.8 亿元，增长 8.9%。按消费类型分，商品零售达 8 180.0 亿元，增长 6.9%；餐饮收入达 1 821.6 亿元，增长 26.1%。升级类消费增长较快，新能源汽车、金银珠宝类零售额分别增长 48.7%、45.5%。限额以上企业（单位）通过互联网实现商品零售额增长 6.7%。

第二，居民收入增长。全体居民人均可支配收入比上年增长 5.5%。城镇居民人均可支配收入增长 4.7%。其中，工资性收入增长 5.3%；经营净收入增长 3.8%；财产净收入增长 3.6%；转移净收入增长 3.9%。城镇居民人均消费性支出增长 7.4%。农村居民人均可支配收入增长 6.9%。其中，工资性收入增长 7.3%；经营净收入增长 6.4%；财产净收入增长 5.4%；转移净收入增长 6.9%。农村居民人均消费性支出增长 9.0%。城乡居民人均收入倍差比上年缩小 0.04。

第三，经济韧性创造力增强。结合国家、省、市战略部署以及前沿技术产业发展趋势，基于成都资源禀赋、技术储备、产业基础和比较优势，围绕数字产业化和产业数字化，推动数字经济和实体经济深度融合。以重点产业链为工作主线，聚焦做强数字产业标识性，大力攻坚集成电路、新型显示、智能终端等 6 大数字经济核心产业，聚焦凸显数字产业融合性，突出发展无人机、智能网联汽车、数字文创等 7 大数字新兴优势产业，聚焦把握数字产业未来感，前瞻布局量子科技、6G 通信等 6 大数字经济未来赛道，打造核心产业、新兴优势产业与未来赛道协同发展的新型数字经济产业体系，全力塑造成都数字经济核心竞争力。

二、新经济韧性概况

（一）新经济内涵

所谓"新经济"是指建立在信息技术革命和制度创新基础上的经济持

续增长与低通货膨胀率、低失业率并存，经济周期的阶段性特征明显淡化的一种新的经济现象。美国《商业周刊》1996年底的一篇文章认为，美国这种"新经济"，其主要动力是信息技术革命和经济全球化浪潮。概括起来"新经济"特征有四个方面：①经济持续增长；②就业人数不断增加，失业率稳步下降；③物价增幅保持在较低水平；④出口贸易增长强劲。新经济作为当前世界范围内重要的经济现象，越来越广泛地影响人类的生产和生活，成为驱动全球经济增长的重要动力。其中，5G、人工智能、物联网、大数据等新技术广泛应用，信息技术、高端装备、新材料、生物医药、新能源等新产业崛起，电子商务、移动支付、共享经济等新业态和新商业模式如雨后春笋层出不穷，新兴产业正成为中国经济增长的强大力量。

（二）新经济部门

2016年，"新经济"首次写入政府工作报告："当前我国发展正处于这样一个关键时期，必须培育壮大新动能，加快发展新经济。"2019年成都市新经济发展委员会正式成立，为全市新经济发展提供了强劲动能。其主要工作职能如下：

（1）负责做好新经济发展与国家、省经济发展战略、规划部署的衔接，落实国家、省新经济领域产业发展相关政策；负责全市新经济发展统筹规划，拟订新经济发展中长期战略和年度计划并组织实施；负责统筹推进全市新经济领域综合改革，衔接平衡相关发展规划，牵头研究全市新经济发展重大问题，起草与新经济相关的地方性政策法规、规章草案。

（2）负责开展新经济前沿研究，提出全市新经济发展重点方向、优先领域和发展目标；负责跟踪监测全市新经济发展态势，承担行业、企业预测预警和信息引导工作，统筹推进全市新经济统计、监测、考核评估体系建设；负责新业态、新模式等经济新兴形态的研判分析与适法性研究，提出决策建议，做好行业管理政策的衔接与协调。

（3）统筹推进新经济领域产业发展，负责拟订新经济领域产业政策；统筹推进智能经济、绿色经济、创意经济、流量经济、共享经济发展，负责共享经济、大数据产业发展推进工作，会同相关部门推动以"人工智能+""大数据+""5G+""清洁能源+""供应链+"等为核心的高技术含量、高附加值开放型产业体系建设；指导全市产业功能区新经济产业规划发展；指导全市新经济场景供给，推动新经济场景的落地；统筹全市新经济领域重点项目的推进和监督考核，会同相关部门开展新经济领域重大产业化示范项目建设。

（4）负责新经济市场主体培育，开展新经济企业服务体系建设；开展服务信息化建设，承担全市新经济企业认定与监测工作，研究解决全市新经济企业发展的重大问题，实施新经济企业梯度培育计划和"双百"工程；会同有关部门开展新经济领域重大项目投资促进工作。

（5）负责新经济天使投资基金的建立和管理运营；负责新经济平台载体的建设和管理；负责推进全市新经济对外交流合作，制定新经济对外合作交流计划并组织实施；承担新经济重大活动的协调组织工作；会同相关部门推进创新创业工作；会同相关部门开展校院企地融合发展工作。

（三）新经济内容

（1）新经济创新发展行动：建设国家靶向药物开发技术工程研究中心、面向新经济的技术交叉与转化中心、中国移动（成都）产业研究院、"滴滴"西部创新中心等新经济技术创新平台，引导企业围绕数字技术、智能技术、生物技术、前沿颠覆性技术等领域开展联合攻关，促进政产学研用协同创新。

（2）新经济载体环境提升行动：建设成都新经济活力区、天府鹿溪智谷、人工智能创新中心、5G互联科创园、电子科技大学三医+人工智能科技园、白鹭湾新经济小镇、龙潭智造科创谷等空间载体，打造城市"新经济地标"。持续举办创交会、兴隆湖畔·新经济发展论坛、新经济企业海外行和市（州）行等活动，提升新经济品牌显示度。

（3）城市未来场景实验室建设行动：支持科技企业、新型研发机构等独立或牵头组建"城市未来场景实验室"。持续推出数字孪生场景、智慧交通场景、智能公服场景、科普绿道场景等1 000个示范新场景，将经实验室验证成功的应用场景项目，纳入成都新经济创新产品目录，开展示范建设活动，打造创新应用标杆。

（4）新经济主体培育行动：建立新经济和未来经济企业库，引进和培育一批具有支撑作用的平台型新经济龙头企业和具有核心竞争力的本土新经济IP企业。鼓励海内外新经济人才来蓉创新创业，鼓励在蓉新经济企业与高校、职业技术院校开展人才培养。

成都市还出台了《增强发展韧性稳住经济增长若干政策措施》。该政策涵盖9类40条具体措施（见表6-1），全力以赴稳增长、稳市场主体、保就业，保持经济运行在合理区间。

表 6-1 成都市增强发展韧性稳住经济增长若干政策措施

类别	具体措施
加大财税支持力度，减轻市场主体经营负担	落实增值税留抵税额退税优惠等税费政策
	加快地方财政支出执行进度
	加大地方政府专项债券争取和使用力度
	加强政府性融资担保支持
	加大政府采购支持中小企业力度
	落实社保缓缴政策扩围延期
用好用足金融政策，加大融资服务保障力度	优化实施延期还本付息
	用好货币政策工具，加大普惠金融支持
	推动金融机构减费让利
	支持拓宽直接融资渠道
	鼓励金融机构加大对基础设施建设和重大项目的支持力度
	帮助企业修复信用
强化需求侧管理，全力稳定投资促进消费	加快推动基础设施投资
	优化投资项目审批
	强化项目要素保障
	促进消费恢复发展
	推动文旅体消费回暖
聚力稳外资外贸，促进开放型经济更好发展	加强外商投资项目支持力度
	降低外资外贸企业经营成本
推进产业建圈强链，提升现代产业发展能级	完善产业链服务激励机制
	加大制造业项目招引促建力度
	培育壮大数字经济
	强化企业上规模上台阶激励
	降低市场主体水电气网等要素使用成本
	推动阶段性减免市场主体租金

表6-1(续)

类别	具体措施
完善通道枢纽功能，全力保障供应链稳定	推动交通物流保通保畅
	畅通国际物流通道
	加大对物流枢纽和物流企业的支持力度
加强就业和民生保障，提升幸福成都品质	加大援企稳岗支持力度
	支持高校毕业生和灵活从业人员等群体就业
	鼓励农业转移人口和农村劳动力就业创业
	满足刚性和改善性住房需求
	落实住房公积金阶段性支持政策
	加强民生兜底保障
统筹发展和安全，增强城市发展韧性	织密疫情防控线
	强化粮食安全保障
	确保能源安全供应
	坚守安全生产底线
强化政策执行刚性约束	打通政策落实最后一公里
	优化为企服务联系对接机制

【案例 6-1】成都温江：重塑经济韧性的三大动力源

温江区，系成都市辖区之一。截至 2023 年 6 月，全区辖 6 个街道、3 个镇。截至 2023 年末，温江区常住人口为 101.11 万人，较 2022 年增加 1.24%；城镇化率为 79.18%，较 2022 年增加 0.18%。2022 年，温江区财政总收入为 213.46 亿元，地方财政收入为 115.42 亿元。截至 2022 年，温江有 994 家小微企业和个体工商户精准地享受到了国有资产租金减免红利，减免金额达 2 189 万元。温江区根据成都市《增强发展韧性稳住经济增长若干政策措施》，出台《温江区关于增强发展韧性稳住经济增长的若干政策措施》，即"稳住经济增长 46 条"，以更开阔的视野、更精细化的措施，助力提升本地企业韧性。以货币金融政策为例，相较于市级政策，温江加大帮扶力度，新增了中小微企业贴息贷款、降低融资担保费率、支持优质中小企业在沪深北交易所上市、引导金融机构按照"一项目一方案一专班"做好融资保障等条款，凸显差异化的区域特色。温江区发改局相关负责人说："通过采取退税减税降费、财政补贴、融资担保、贷款贴息等精细化、差异化手段，我们将持续为企业'输血供氧'，提升其抵御风险的能力，增强企业未来发展的信心。"

第三节　新时代成都市生态韧性分析

一、城市生态体系建设情况

（一）构筑绿色发展格局

（1）完善绿色发展制度体系。加强规划引领，成都市先后印发了《成都市"十四五"公园城市建设发展规划》《成都建设践行新发展理念的公园城市示范区行动计划（2021—2025年）》《成都市"十四五"绿色转型发展规划》。

（2）加强工作谋划，制定绿色发展年度工作要点。

（3）强化政策保障，印发实施空间产业交通能源"四大结构"优化调整行动方案和政策措施。持续优化城市空间和功能布局。强化巩固"一山连两翼"总体布局，加快构建"多中心、组团式、网络化"城市空间结构，整体保护"两山、两网、两环"生态格局，"三区三线"划定成果获自然资源部批准。强化"三线一单"管控，划定133个生态环境管控单元，建立"1+5+N"生态环境分区管控体系。做优做强中心城区、城市新区、郊区新城，着力打造24个重点示范片区。

（二）推进产业绿色发展

（1）着力提升产业绿色化水平。印发《成都市坚决遏制"两高"项目盲目发展实施方案》，建立重大项目招引前能耗、碳排、用地预评估制度。

（2）加快培育环保产业集群。出台"成都绿色低碳重点产业25条"政策措施，创新开展绿色低碳产业"十个一"行动，依托淮州新城等6个主要承载地和龙泉汽车城等5个协同发展地，大力发展光伏、锂电、新能源汽车、节能环保、储能、氢能等重点产业。2022年全市绿色低碳产业营业收入达2 500亿元，同比增长21%，规模位居全国第4名。

（三）践行公园城市建设理念

建设践行新发展理念的公园城市示范区，是以习近平同志为核心的党中央赋予成都的重大政治任务和时代使命，是党中央、国务院关于成渝地区双城经济圈建设重大决策部署的重要内容，对探索山水人城和谐相融新实践、超大特大城市转型发展新路径具有重要意义。成都市以《成都建设践行新发展理念的公园城市示范区总体方案》和《中共四川省委、四川省人民政府关于支持成都建设践行新发展理念的公园城市示范区的意见》部署要求，以新发展理念为"魂"、以公园城市为"形"，全面推进公园城市示范区建设，建设创新、开放、绿色、宜居、共享、智慧、善治、安全城市，打造山水人城和谐相融的公园城市。与此同时，与超大城市治理的出发点和落脚点相同，"以人为本"也是公园城市建设的核心。成都以生态保护和修复为基本前提，以城市高品质有韧性、健康可持续发展和社会经济绿色高效发展为保障，最终实现生态美好、生产发展、生活幸福。

【案例6-2】成都打造公园城市示范区

成都市规划到2035年，公园城市示范区建设目标全面实现。公园城市形态充分彰显，生态空间与生产生活空间衔接融合，生态产品价值实现机制全面建立，绿色低碳循环的生产生活方式和城市建设运营模式全面形成，现代化城市治理体系更趋成熟，人民普遍享有安居乐业的幸福美好生活，山水人城和谐相融的公园城市全面建成，努力打造中国西部具有全球影响力和美誉度的现代化国际大都市。具体打造路径如下：

（1）构建公园形态与城市空间融合格局。强化城市功能导向，以满足公共服务需求为目标统筹基本功能、以服务城市发展战略为指引提升核心功能、以突出区域比较优势为重点培育特色功能，创新城市规划理念，科学编制城市国土空间规划，调整优化生产生活生态空间比例，着力做优做强中心城区、城市新区和郊区新城（卫星城），推动城市发展的均衡性与高质量发展相统一、公共服务供给结构与人口分布相适应、产业能级提升需求与产业空间承载能力相匹配，推动城市内涵发展、区域差异发展、城乡融合发展，促进各区域基本功能就近满足、核心功能互相支撑、特色功能优势彰显，加快形成多中心、网络化、组团式功能结构，实现生产空间集约高效、生活空间宜居适度、生态空间山清水秀。

（2）建立蓝绿交织公园体系。依托龙门山、龙泉山"两山"和岷江、沱江"两水"生态骨架，推动龙泉山东翼加快发展，完善"一山连两翼"空间总体布局，描绘"绿满蓉城、水润天府"图景，使城市成为"大公园"。构建多层次城市生态绿化体系。加快建立万园相连、布局均衡、功能完善、全龄友好的全域公园体系，统筹建设各类自然公园、郊野公园、城市公园，均衡布局社区公园、"口袋公园"、小微绿地，全面完成"百个公园"建设工程，建设城市生态蓝网系统。强化水源涵养、水土保持、河流互济、水系连通，推进供排净治一体化改革，实施都江堰精华灌区续建配套和现代化改造工程，在岷江、沱江等流域开展治污理水护岸筑景行动，推进水资源保护、水环境治理、水生态修复。加强多水源保障供给，推进引大济岷、沱江团结枢纽、三坝水库、久隆水库等重点水源工程建设，加强城市饮用水水源地保护。

（3）保护修复自然生态系统。夯实公园城市生态本底，巩固长江上游生态屏障，系统治理山水林田湖草沙冰，提升生态系统质量和稳定性，加强生物多样性保护，展现"花重锦官城"意象。提升龙门山、龙泉山生态功能。保育秀美山林，夯实龙门山生态屏障功能和龙泉山"城市绿心"功能，开展增绿增景减人减房、植被低干扰自然恢复等行动，实施国土绿化项目，建成 25 万亩龙泉山国家储备林基地。推进生态修复重点工程，实施国家国土绿化试点、农村土地综合整治等工程。加强生物多样性保护，完善中小型栖息地和生物迁徙廊道系统，建设龙门山生物多样性基地。推进全国林业改革发展综合试点。建设大熊猫国家公园成都片区。实施大熊猫种群保护和复壮重点工程，建设国家级大熊猫保护研究重点实验室，设立野生动物救护中心、疫源疫病防控中心，建设野外研究基地，提升大熊猫野生种群和人工种群繁育基地水平。启动实施大熊猫栖息地修复重点工程，建立大熊猫生态廊道，有序推进居民和矿权退出，全部退出小水电，建设大熊猫国家公园入口社区。

（4）挖掘释放生态产品价值。深入实施生态环境导向的开发（EOD）模式试点，创新生态产品价值实现机制，突出解决"难度量、难抵押、难交易、难变现"问题，建立健全政府主导、企业和社会各界参与、市场化运作、可持续的生态产品价值实现路径。推进自然资源统一确权登记。推动建立归属清晰、权责明确、保护严格、流转顺畅、监管有效的自然资源资产产权制度，实现市域国土空间内自然资源登记全覆盖。开展生态产品信息普查，动态更新目录清单，建设自然资源资产核算信息数据库。健全生态产品价值评价与保护补偿体系。建立生态产品价值核算机制，构建行政区域单元生态产品总值和川西林盘等特定地域单元生态产品价值评价体系，建立反映保护开发成本的价值核算方法、体现市场供需关系的价格形成机制，探索开展生态产品价值核算评估试点。建立综合性生态补偿机制，探索实施生态产品供给与经济发展目标增减挂钩、生态资产账户异地增减平衡。建立生态资源市场交易机制。创新生态产品价值实现模式，推进生态产品供给方与需求方、资源方与投资方高效对接，引入市场主体发展生态产品精深加工、生态旅游开发，适度发展环境敏感型产业，推动邛崃市、大邑县在生态产品可持续经营开发、绿色金融等方面先行先试。推动生态资源权益交易，依托四川联合环境交易所设立西部生态产品交易中心，有序推进碳排放权、用能权、用水权等权益交易，争创国家气候投融资试点，推进设立绿色金融法庭。

（5）完善现代环境治理体系。精准科学依法系统治污，推进大气、水、土壤污染治理和废弃物资源化利用，加强塑料污染、环境噪声、扬尘污染治理，打造水清、天蓝、土净、无废的美丽蓉城。持续深入打好污染防治攻坚战。推进大气污染防治工程，协调推进大气污染跨区域联防联控，加强城市大气质量达标管理，基本消除重污染天气。推进水污染防治能力提升工程，推进生活污水治理"厂网配套、泥水并重"，开展污水处理差别化精准提标，实施老旧管网修复改造和雨污分流工程，实现城镇污水管网全覆盖，基本消除城乡黑臭水体。推进土壤污染防治工程，管控修复受污染耕地和建设用地，启动长安填埋场封场生态修复等工程，推进农村面源污染防控。推动资源循环利用。按照无废城市理念推进生活垃圾分类治理，建设生活垃圾分类投放、收集、运输、处理系统，实现原生生活垃圾零填埋，提升厨余垃圾资源化利用率，开展塑料污染治理专项行动。健全危险废弃物和医疗废弃物集中处理设施，开展危险废弃物集中收集贮存试点，强化危险废弃物全过程监管，加强危险废弃物收集、贮存和处置体系建设。健全大宗固体废弃物综合利用体系，加快建设长安静脉产业园等项目。到2025年，生活垃圾分类体系基本健全，资源化利用比例达到60%左右。

（6）塑造公园城市特色风貌。统筹协调新老城区形态风格、文脉肌理，注重传承几千年文化历史，提高城市风貌整体性、空间立体性、平面协调性，呈现"窗含西岭千秋雪"美景。推进以活化复兴为重点的老城有机更新。以城市单元更新引领老城活化复兴，推进铁路总部片区、八里庄工业遗址等重点区域规模性更新改造，实施天府锦城"八街九坊十景"等有机更新工程。推进老旧小区改造提升，实施安全隐患治理、基础设施改造、居住环境提升工程，开展功能性配套提升、管网线路疏通、历史建筑活化利用等行动，推进路面电网和通信网架空线入廊入地，推进 2 200 个老旧院落分类改造，每年打造 20 条特色街区。塑造现代与传统相协调的新城风貌。优化城市设计，创新"公园+"宜居宜游的公共空间设计、"公园+"优质共享的公共服务设计，促进地形地貌、传统风貌与现代美学相融合。塑造天际线和观山观水景观视域廊道，寓建筑于公园场景，加强对城市中轴、门户、中心等天际线管控，建设天府大道等天际线展示区，编制城市观景地图，打造观雪山、看城市等观景平台。开展城市景观绿化和照明提升，遵循景观照明规划及技术要求，推进屋顶、墙体、道路、驳岸等绿化美化，以核心区域、地标景点为重点塑造城市色彩体系。统筹塑造地上地下风貌，推行分层开发和立体开发，增加景观节点和开敞空间。

（四）推行绿色低碳方式

开展多样化的绿色低碳生活行动，大力引导绿色出行、发展绿色建筑、促进绿色消费等，推进资源全面节约和循环利用，形成简约适度、绿色低碳的生活风尚。实施绿色生活创建行动。构建绿色低碳生活场景，发布低碳生活清单，推广节能低碳节水用品和环保再生产品，减少一次性消费品和包装用材消耗，建立"碳惠天府"等绿色消费激励机制，建设节约型机关、绿色社区、绿色家庭、绿色学校等。推进城市建筑绿色转型，提升建筑绿色标准，推广绿色建材和绿色照明，加强建筑节能运行管理。到 2025 年，城镇新建建筑全面执行绿色建筑标准。鼓励绿色消费，组织开展低碳产品、绿色产品认证宣贯活动，依托全国节能宣传周及低碳日加强宣传动员。深入开展"光盘行动"，切实抵制餐桌浪费。引导绿色出行，出台新能源汽车推广方案及配套措施。

【案例 6-3】成都安公社区：零碳社区建设研究

社区作为城市的"细胞单元"，是人们工作、生活、居住的主要场所，是城市践行碳中和理念的重要空间载体。零碳社区是指通过在社区内发展低碳经济，创新低碳技术，改变生活方式，最大限度减少温室气体排放的社区。零碳社区从社区总体尺度关注社区碳边界和碳总量、碳排放及碳消纳，包括清洁能源、绿色建筑、废弃物资源化等。在此基础上，突出社区可持续发展内涵，包括社区韧性、海绵社区、绿色社区，凸显社区的包容性和宜居性。在第 28 届世界建筑师大会上四川天府新区安公社区作为中国唯一的"全球十个绿色繁荣社区试点案例",展陈分享"近零碳社区建设情况"。安公社区成立于 2015 年 8 月,面积为 0.4 平方千米,辖 11 个居民小区,常住人口为 1.2 万人,是成都天府新区华阳街道在深化体制改革的大背景下成立的基层治理改革示范社区。总户数为 3 347 户,常住人口约 1.2 万人。安公社区系传统居民聚集区,大部分居民建筑和公共建筑始建于 20 世 80 年代,年代久远,均为老旧城,建筑及建造方式很难符合绿色低碳发展要求,普遍存在节能效率低、运行能耗高等问题,特别是居民参与绿色发展的共建共治理念缺乏。近几年,社区进行了绿色改造。

在综合改造方面,打造绿色发展"新场景"。一是"微更化"城市改造。结合城市有机更新重点工作,开展楼顶拆违增绿、围墙垂直增绿、道路花箱增绿、居民庭院增绿、城市阳台增绿的"五绿"空间改造。二是"节能化"循环利用打造全市首个社区生物有机垃圾处置循环中心,通过对餐厨等垃圾生物发酵处理,实现 80% 以上有机垃圾就地转化为有机化肥,实现年节约绿植养护费用约 5 万元。建成 28 kW 装机容量光伏发电系统,增配太阳能路灯 180 余盏,实现年节约公共设施用电约 5 万度。

在全民参与方面,培植绿色生活"新方式"。一是推行"网格化"管理模式。将低碳建设纳入基层"微网实格"治理体系,创新推行"五线工作法",通过健全"自治线"、发动"志愿线"等方式,86 名群众自行组织、2 000 余名志愿者有序集结,发起绿色出行、节约用水、节约用电、节约粮食、垃圾分类 5 大类 37 场全民低碳生活行动,实现居民参与全覆盖。二是根植"全民化"低碳理念。开展"绿色能源行动",打造安公路沿河绿道、菜蔬街低碳商铺、旧货交换市场等沉浸式体验场景 5 个,配套制定公共碳减排"积分换物"等激励机制。

在探索科技赋能方面,激活绿色治理"新引擎"。一是拓展"智慧化"科技应用。在社区党群中心创新植入节能减排能耗系统,通过平台数据、图像等多媒体数据交互功能,提供不间断电管家服务,24 小时监控碳排放综合项目数据,建成全市首个电能自给"近零碳"社区党群中心,实现全年节电 10 万度。探索"近零碳"生活方式,建成"近零碳"生活体验中心,配备可循环利用材质家具 40 件、绿色能源电器 20 台、无人售货超市 1 个,常态普及光伏发电等绿色低碳技术及"双碳"知识,截至目前,已吸引超 2 万人次沉浸式体验未来生活低碳技术应用场景。二是创新"数字化"监督管控。大力推进社区 3D 建模工作，利用 3D 虚拟仿真技术，实现对社区 40 万平方米真实环境三维重建，同时融合研发社区能源可视化管理系统，做到实时监测和更新碳排放数据，有效追踪"碳踪迹"，及时提醒碳排放异常住户。开发社区能耗智能控制系统，对安公广场及辖区 6 个小区公共区域照明及空调等设施设备实施远程智能控制，实现能源消耗、碳排放量数字化、可视化呈现，实现全年节电超 5 000 度。三是探索"集约化"治理模式。探索运用人工智能、物联网、大数据等新技术，以智慧蓉城城市运行中心为载体，融入社区生态环境、公共绿化、居民出行等智慧监管模块。

安公社区作为四川天府新区近零碳社区建设试点之一，立足现有资源禀赋，有计划分步骤推进能源绿色低碳转型。以市民参与为重点，让"需求服务就近满足"成为标配，持续建设以人为本的绿色繁荣社区，以拓展科技成果向绿色生活转化的路径，让"科技赋能节能减排"成为现实，社区化、场景化推动创新实践"向市民生活延展、向公园城市推行"，让培育低碳文化和低碳生活方式成为共识。

二、城市生态治理能力情况

（一）构建生态多元共治格局

（1）落实生态环境保护主体责任。成立成都市生态环境保护委员会，修订完善成都市生态环境保护责任清单，编制印发生态环境委员会工作规则及年度工作要点。强化履职监督和责任落实，将降碳目标任务落实情况纳入生态环境保护"党政同责"和生态环保督察范围，严格执行党政领导干部生态环境损害责任追究制度，形成齐抓共管的工作格局。

（2）强化企业主体责任。以"法律七进""环保十进"为契机强化法治宣传，切实增强企业环保意识，积极打造省级生态环境法治示范园区。深化生态环境信用体系建设，探索动态评价管理机制，根据评价结果开展差异化监管和联合奖惩，引导和督促企业整改失信行为。

（3）积极引导公众参与生态环境治理。实施生态环保志愿服务"百千万"工程，成都环保志愿服务平台线上注册志愿者近 17 万人，开展志愿服务活动 2 万余场。引导高校青年力量参与生态环境治理，联合成都都市圈 30 余所高校组成成都高校生态环境大联盟。出台《成都市生态环境违法行为举报奖励办法（试行）》，鼓励社会各界参与生态环境保护监督。

（4）突出抓好生态环保督察问题整改。扎实开展生态环境问题大排查"百日攻坚"专项行动，制订环保督查反馈问题整改方案，严格落实"清单制+责任制+销号制"。建设智慧化环保督察工作管理平台，持续推进问题整改跟踪问效。全市纳入中央、省级环保督察和长江经济带生态环境问题整改的 12 744 个，完成率达到 98%。

（二）发挥市场激励作用

积极参与国家碳交易市场建设，完成郫都区全市首例生态类碳减排量交易，4 家发电企业纳入全国首批碳排放交易并顺利完成首次履约清缴。大力推进绿色金融发展，2022 年绿色信贷余额达 6 192 亿元，发行绿色债券超 23 亿元。强化金融科技支撑，四川天府新区获批国家气候投融资试点。建立岷江、沱江流域横向生态保护补偿机制，签署《岷江流域第二轮横向生态保护补偿协议》。

（三）健全法规政策体系

颁布实施《成都市大气污染防治条例》等地方性法规，修订《成都市饮用水水源保护条例》，推动《成都市水污染防治条例》立法调研，推动成德眉资四市统一实施饮用水水源保护地执法标准及锅炉大气污染物排放标准。推动环境执法与司法联动，打造"生态环境法治共建巡回点"，初步形成生态环境立法、执法、司法全链条的闭环共建机制。

（四）提升环境治理能力

（1）提升生态环境综合执法能力。推动 23 个执法机构规范化建设，补齐规范化建设短板。开展大气污染防治"一号行动"、环境稽查帮扶等专项行动，深入开展"双随机"抽查。落实包容审慎柔性执法，推行正面清单制度，以非现场执法方式为主开展执法检查。

（2）推动建立现代化生态环境监测体系。出台成都市监测能力提升三年行动计划等文件，运用卫星遥感、走航监测、电力监控等科技手段构建天空地一体环境监测体系。推进温室气体监测网络建设，完成 5 个站点高精度温室气体与气象要素协同监测点位选址，完成二氧化碳和甲烷走航监测里程约 3 800 千米。组建生态质量监测队伍，完成国家生态质量样地现场核查，推进龙门山生态地面监测站建设项目，启动生态质量指数测算及生态质量监测体系构建。

（3）加快推进"数智环保"建设。推进"智慧生态环境"建设，搭建生态环境 5 大应用场景，推动排污许可、污染源监控、工业企业电力数据等 10 余类数据汇聚，实现大气、水污染防治和医废监管等任务统一调度管理。创建全国首个"环税" 22 数据互通体系，共享 49.4 万余条数据，推进污染源精准管理。

（4）强化生态环保宣传教育。积极推动新媒体矩阵建设，打造"成都生态环境"双微政务平台，创建"成都生态环境"视频号。创新开展"6·5"环境日、"4·22"地球日活动，实现环境监测等 4 类环保设施向公众开放全覆盖。出版《成都市生态环境教育系列读本（小学版）》，发放覆盖面超 10 万人，创建环境友好型学校（幼儿园），持续开展"我爱成都·百万师生学环保"系列活动。

（5）提高生态环境科技创新能力。汇聚 24 个绿色低碳产业创新平台，联合绿色低碳产业集团、骨干企业、高校院所组建产业创新联盟。落地建设国家环境保护机动车污染控制与模拟重点实验室（成都基地）等项目，加强与清华大学、西南交通大学等高校战略合作，引进院士团队，探索产学研协同创新机制。

第四节　新时代成都市社会韧性分析

一、坚持党建引领，提升社会治理效能

党的二十大报告将"推进以党建引领基层治理"纳入中国式现代化大局，明确了"加强基层组织建设""健全共建共治共享的社会治理制度"等一系列重点任务。中国治理体系的基本特质是一核多元，即共产党领导，其他治理主体共同参与，其中，党纵览全局，协调各方，全面、系统、整体地领导一切。新时代城市治理很大程度上便是以党建推动治理体系的完善，并通过管理、激活和发展来有效回应人民的需求。成都作为探索超大城市治理的前沿阵地，主动适应城市社会群体结构和社会组织架构变化，构建起党建引领的社区治理体系。具体做法包括以下方面：

（1）坚持党的领导，构建一贯到底的改革推进体制。市委成立由书记担任负责人的基层治理议事协调机构，围绕统筹发展和安全、秩序与活力，以"微网实格"社会治理机制改革为承载推动"党建引领、双线融合"，着力实现优服务惠民生的"幸福高线"与防风险保平安的"安全底线"有机衔接。

（2）坚持整体构架，构建分级覆盖的网格体系。适应超大城市精细治理、敏捷治理需要，坚持划网格、建组织、优职能一体推进，构建起社区总网格、一般网格（居民小区）、微网格（楼栋、院落）和专属网格的"3+1"体系。以社区为单位建立总网格，以商务楼宇、各类园区、集贸市场、机关企事业单位为主体设置专属网格，基本实现了区级指令快速完成宣传、组织、动员。形成了"社区党委——一般网格党支部—微网格党小组"三级组织体系。

（3）坚持系统观念，构建有机衔接的改革生态。根据成都市印发的《关于深化党建引领"微网实格"治理机制的实施方案》，相关职能部门跟进出台20余个配套文件，形成系统完备、衔接有序的政策制度体系。

【案例 6-4】温江区柳城街道"加减乘除"激活微网实格治理

温江区柳城街道隶属于四川省成都市温江区，辖区总面积为22.6平方千米。截至2020年6月，柳城街道下辖19个社区。柳城街道充分发挥网格治理效能，将"微网实格"工作与各项基层治理工作紧密结合，通过智库培力、团队赋能、资源联动、实操实践等服务，探索出一条党建引领基层治理、多元共治、规范化、专业化发展的新路子，有效解决各类小区治理难题，提升了"微网实格"工作细治、善治、共治、智治水平，构建了条块统筹、精细入微的"微网格"基层治理体系。通过"加""减""乘""除"发挥党建引领的作用。

党建引领"加"动力。柳城街道以区域化党建共建协同发展，强化组织体系。社区深入挖掘摸排党员，积极动员优秀党员装配"微网实格"力量。同时协同区域化党建联建党组织参与小区治理网格服务，鼓励"双圈双创"下沉党员微网格员主动亮身份，利用特长和专业积极发挥先锋模范作用，为"微网实格"社区治理工作提供了源源不断的核心动力。

微网精治"减"流程。柳城街道积极探索"微网实格"线上线下"发现—上报—派单—处置—反馈—结案"闭环运行机制，减少"问题收集→处理"流程，紧扣"解决问题"目标，赋能增效，实现"业务""服务"双提升。坚持赋能增效，发挥智库平台作用，强化"微网实格"的技术支持。配备微网格长工作包（微网格长身份标识牌、工作明白卡、居民联系卡、操作手册等），明确微网格长具体工作细则。以小区院落为单位，开展微网格长专项服务能力培训，明确职能职责；通过培训专项技能，不断提升微网实格队伍服务群众的能力，充分发挥微网格长在基层治理中的末端作用。微网格长通过日常线下走访巡察，及时发现问题，通过电话、微信群、蓉e报等多种形式将情况上报微网格议事会（社区总网格联席会），实现"小事不出格"，身边事有人管，确保问题解决的及时性和高效性。

整合资源"乘"合力。柳城街道科学划网定格，夯实"微网实格"的物理基础。根据区域特点、居民类型、区块功能等，在一般网格中又划分出地缘型、小区型、单元型、单位型等不同类型微网格。整合辖区小区物业、双圈党员、热心居民、热心商家、社区社会组织、专业社工机构等资源，促生合力，建立多元主体联建共治治理体系。以项目化形式积极探索精耕工作模式，按照"微网实格"治理思路，发掘培育院落自组织，组建党员先锋队、志愿服务队，发动微网实格长动员居民自主参与，挖掘能人，整合物业、业委会等基层治理资源，打造以"细'治'入'微'·幸福满'格'"为主题的居民共治特色小区"微网格服务活动阵地"。

分级处理"除"难题。柳城街道依据居民需求类型、问题难急等维度，聚焦政策宣传、"一老一小"关爱、安全隐患排查等，实施差异化分类分级信息管理，收集居民的生存需求、体验需求、表达需求三大需求；通过"微网实格文明行"系列实践活动，开展"微网实格"和美家风润童心、重阳敬老月、空巢独居老人日常关爱、防汛防灾应急演练、"爱成都·迎大运"健身会、居家安全冬季访等综合性服务；通过解决邻里纠纷、公共设施维护、小区改造等事件，不断提升居民对微网格服务的认同感。

【案例6-5】金牛区：深化党建引领社区发展治理 构建"双线融合"城市治理新格局

金牛区，隶属于四川省成都市，总面积为108.32平方千米。截至2023年6月，金牛区辖13个街道。截至2023年末，金牛区常住人口为128.83万人，城镇化率为100%。金牛区全面贯彻落实习近平总书记提出的"城市治理的'最后一公里'就在社区"重要指示精神，针对社区治理管理粗放、信息不畅、服务滞后等突出问题，探索创新党建引领社区发展治理与社会综合治理"双线融合"模式，积极构建"一核引领"固根基、"双线融合"补短板、"三治结合"提能力的基层治理实施路径。具体做法有以下方面：

一是，强化"一核引领"固根基。坚持把党建引领贯穿基层治理的各领域、各环节。在点上构建"小区党组织+业主委员会+物业服务企业"三方联动格局。在线上构建"街道党组织+社区党组织+小区党组织"三级组织架构。在面上构建"党的组织覆盖+党的工作覆盖+党的活动覆盖"三个覆盖体系。

二是，强化"双线融合"补短板。坚持有为政府与有效治理相结合，加强社会治理制度统筹、资源统筹、力量统筹、机制统筹，推动社区发展治理"强基础、优服务、惠民生"与社会综合治理"防风险、促法治、保平安"双线融合。具体做法是通过高质量推进社区发展治理"五态共融"（形态、业态、生态、文态、绿态），通过高标准推进社会综合治理"五联共治"（平安联创、文化联建、活动联办、环境联治、矛盾联调）。

三是，强化"三治结合"提能力。坚持以自治为基础、法治为保障、德治为先导，推动社会治理由"自上而下"到"多元共建"转变，加快实现政府治理和社会调节、居民自治良性互动，全面提高基层治理的能力和水平。

以上做法取得的成效有：

通过创新党建引领社区发展治理与社会综合治理相融互促，深化完善"条块结合、资源共享、优势互补、共驻共建"的区域化党建工作新格局，做优做强城市治理的基本单元，实现社区运转有机制、服务群众有资源、居民协商有平台、社会参与有渠道。通过建立健全"中心统筹、部门主导、分类施策、逐步推进"的智慧应用场景推进机制，破除党建促进中心、政务服务中心、城市更新中心、智慧治理中心、融媒体中心五中心信息壁垒，完善城市运行感知体系，推动新科技赋能城市治理。通过坚持以推进党建引领基层治理为主线，以调动整合各领域党建资源为抓手，以动员社会各类力量广泛参与为路径，着力把党组织的政治优势、组织优势转化为发展优势、治理优势，着力实现"党建有成效、生活有变化、群众有感受"。

二、开展"五大行动"，构建社会治理共同体

社区是居民生活的场所，社区除为居民塑造了合理的空间外，更注重提升居民的韧性，培养韧性人群，建立社区共同体。成都市将党中央、国务院《关于加强基层治理体系和治理能力现代化建设的意见》提出的"建设基层治理共同体"的重大要求落实到社区层面，着力构建社区发展共同

体、社区治理共同体、社区生活共同体、社区安全共同体、社区行动共同体，在更高水平更深层次实现高质量发展、高品质生活、高效能治理协同共进，全面提升基层治理体系和治理能力现代化水平。

（一）实施发展提质"五大行动"，构建社区发展共同体

超大城市要把新发展理念贯穿城市规划建设管理运营全过程、落实到社区基本单元，以社区空间、场景、产业、生态、文化等要素的融合重塑激发社区内生动能，让社区成为新场景的价值增值地、新经济的成长发育地、城市可持续发展的动力释放地。

【案例6-6】发展提质"五大行动"主要项目

社区空间品质提升行动。以功能融合为导向，提升城市新区品质，优化郊区新城和产业功能区社区空间治理规划体系，打造功能混合的"复合城市"和"垂直社区"。系统梳理城乡社区小微闲置空间、低效用地和"金角银边"，形成"在地资源清单"，结合城市开发和公建配套分步骤有计划更新利用，每年实施不少于345个社区微更新项目。

老旧小区改造行动。坚持老旧小区改造"先自治后整治"，推动居民通过直接出资、使用维修资金、让渡公共收益等方式参与改造。完善小区水、电、路、气、通信、安防、垃圾分类等基础设施，因地制宜推进小区适老、无障碍、停车、充电、智能快递、文化体育、物业用房等配套设施建设和智慧化改造。加快推进自主增设电梯，到2023年完成增设电梯2 450台。

特色化消费场景营造行动。推动熊猫IP、定制零售、智能智慧、公园经济、医美健康、文化品鉴、体育赛事、乡愁记忆、数字消费、夜间消费等消费场景建设，建设一批夜间文旅消费集聚区。鼓励区（市）县结合区域资源禀赋和特色文化建设一批具有区域标识度、多业态融合发展的消费场景。打造国际化社区生活新场景，建设一批产业服务型、文化教育型、商旅生态型、居住生活型国际化社区。

一刻钟便民生活圈建设试点。开展场景营城、便民攻坚、消费升级、社区双创、数字赋能、放心消费六大行动，完善试点社区"14+11"社区商业业态，提升便民商业服务设施功能，优化社区商业网点布局，扩大社区生活服务有效供给。到2025年，建成100个布局合理、业态丰富、功能完善、智慧便捷、规范有序、服务优质、商居和谐的一刻钟便民生活圈示

范社区。

社区科创空间建设行动。配置体现人文价值、美学体验的社区舒适物设施体系，推动研发设计、生产服务、科技服务、生活休闲功能场景融合呈现，促进先进要素、创新企业和研发活动向社区集聚，在社区孕育更多的"新型规上企业"。

社区商业开发建设行动。建设社区商业发展载体，加快推进购物中心、生活广场、娱乐休闲一条街等社区商业项目，打造连锁型社区购物中心品牌。建设生活服务综合体"邻里人家"，围绕商业、卫生、教育、文化等居住配套，提供"一站式"服务。探索"社区商业+"创新融合方式，健全"开发商前期开发+经营商租赁经营"的良性运作机制。

天府文化弘扬发展计划。开展《天府文化简史》编制工作，规划建设"成都历史名人馆"，塑造"天府文化名人像"。在绿道、公园、景区景点和公共场所，以艺术审美形式展示"天府文化"，鲜活呈现成都生活美学。推进天府文化与金融资本、科技、互联网跨界融合，搭建资源转化平台、品牌推广平台，把具有丰厚人文底蕴的天府文化转化为产业优势。

农商文旅体融合发展行动。围绕乡村社区资源活化利用，实施"农业+文创"行动，规划建设一批农业文创示范园区、空间、小镇；实施"农业+旅游"行动，构建"点、线、带、面"相结合的全域乡村休闲旅游格局；实施"农业+康养"行动，规划建设农业产业园、田园综合体，打造以山地运动、森林康养等为主的健康养生基地。

乡村文化记忆标识建设行动。推动对川西林盘、乡村民俗文化的保护、开发和利用，将乡村文化资源的保护和活化融入乡村"大景观"打造中，构建独特的乡村文化意象。活化一批具有年代记忆的建筑、工具、物品、民俗等，建设一批唤醒乡愁、触摸传统、延续文脉的文化记忆"打卡地"和乡史、村史、社区博物馆。

（二）推进治理增效"五大工程"，构建社区治理共同体

社会治理的基础在基层、根本在社区。"社区治理共同体"是以政府、社区、社会组织和居民为多元主体，以社会再组织化为手段，以实现社区多元主体共同治理为根本，达到把"社区治理共同体"做实做好的目的。超大城市的社区治理应该是科学化、精细化、智能化，多元主体参与，居民良性互动的社区治理共同体。

【案例6-7】治理增效"五大工程"主要项目

基层创新治理示范工程。完成100个小区（院落）"民主协商示范村（社区）"试点建设，以民主协商提能增效示范点带动全面实施，建立协商主体多元、协商内容广泛、协商形式多样、协商技术更新、协商程序完整、协商成果有效、协商结果公开的小区（院落）民主协商治理体系，提升小区（院落）居民参与民主协商现代治理能力。

居民小区（院落）党建"四有一化"三年行动计划。推行居民小区（院落）有党组织引领、有党员示范带头、有服务阵地保障、有经费支撑和党建引领小区治理制度化的"四有一化"建设，健全新落成物业管理小区和老旧小区（院落）改造"四个同步"机制，建立小区（院落）党组织权责清单、运行规范，实现居民小区（院落）党组织覆盖动态保持100%。

信托制物业服务模式改革试点。组建信托制物业专家库、物业服务机构认证库，搭建供需对接平台，开展系统化、结构化培训和个性化、差异化指导，修订信托制物业标准和服务指南，探索"物业+社工"服务模式，鼓励物业企业注册为社会企业。到2025年，形成信托制物业服务模式"产学研"良性发展，成功导入500个小区（院落），实现物业费收缴率、小区宜居度、居民满意度大幅提升，物业纠纷投诉率显著下降。

社区社会组织培育行动。引导居民依据兴趣爱好、特色专长和服务需求成立各类自组织，通过活动项目化、项目组织化提升自组织的组织、协商、行动能力，引导其有序向社区社会组织转化，重点发展老人服务、儿童服务及社区服务类和居民互助类社区社会组织。到2025年，实现每个城（乡）社区拥有不低于20个（10个）社区社会组织。

社区社会企业培育行动。出台培育发展社区社会企业的指导意见，建立市区两级社区社会企业库，完善入库标准、绩效评估、动态调整、运营监管、良性退出机制，重点培育空间运营、物业服务、社区商业、便民服务等领域社区社会企业。到2025年，培育孵化社区社会企业不少于40个。

文明典范社区创建。结合创建全国文明典范城市工作，全域试点开展文明典范社区创建，制定文明典范社区建设标准和管理办法，每季度开展学习观摩和经验交流，"5+2"中心城区创建文明典范社区14个，其余区

（市）县创建文明典范社区 16 个。

社区新型基础设施建设行动计划。促进 5G 网络、光纤宽带与物联网、智能充电桩等基础设施协同布局，完成核心商圈 5G 信号、移动物联网覆盖，打造数字化商圈、特色商业街区、社区。到 2025 年，实现"11+2"区域社区 5G 网络全覆盖。

"社智在线"社区综合信息管理服务平台建设。衔接"智慧蓉城"整体架构，依托"社智在线"社区综合信息管理服务平台，归集时空地理、电子证照、人流物流等基础信息，完善数据库动态更新、综合应用、开放共享管理使用机制，围绕社区治理、社区服务、社区安全、社区发展、社区党建 5 大板块，建设 N 类智慧应用场景，全面提升基层智慧服务和智慧治理能力。

（三）促进服务供给"五个优化"，构建社区生活共同体

超大城市要以城市社区为半径完善服务体系，拓展服务内容，提升居民生活的便捷性和幸福感。

【案例 6-8】服务供给"五个优化"主要项目

养老服务能力提升行动。支持建设居家社区养老、机构养老等服务设施，补齐农村养老服务短板，力争实现所有街道和有条件的镇至少建有 1 个社区养老服务综合体，每个区（市）县至少建成 1 个智慧养老院或智慧养老社区。到 2025 年，全面建成健康养老服务体系，基本建立多层次经济困难的高龄、失能、失智老人的长期护理保障制度。

儿童活动空间建设行动。规划建设社区儿童综合体 200 个，集中配套社区托儿所、社区儿童中心、家庭聚会中心、儿童运动场及家庭农场等设施，打造儿童"5 分钟步行活动圈"。依托城市社区公园，打造儿童"15 分钟公共空间体验网络"。

"家门口"好学校建设计划。实施义务教育新优质学校培育计划，新增新优质学校 150 所以上，实施公办初中强校计划，全面提升 100 所公办初中办学水平。稳妥推进划片入学改革，增加中心城区及郊区新城学位矛盾片区的学位供给。

全民健身设施补短行动。深入贯彻落实国家《"十四五"时期全民健身设施补短板工程实施方案》，确保每个街道、社区建有室外综合运动场

或具备室内外运动场地设施的全民健身中心。深入挖掘城市剩余空间体育潜力，因地制宜打造一批"社区运动角"等形式多样的居民"家门口"的运动新空间。到2025年，实现社区级公共体育场地设施全覆盖。

社区助残服务行动计划。开展残疾人家庭医生签约服务工作，举办残疾人社区康复工作培训，做好患者家属专家互助精神障碍社区康复服务项目等残疾人互助康复项目。结合老旧片区、老旧社区、老旧小区改造，同步推进社区无障碍环境建设。到2025年底，实现城乡社区残疾人协会全覆盖。

生活服务强区（市）县培育行动。通过明确目标、细化方案、创新举措，培育3~5个生活服务强区（市）县典范，提升生活性服务业对区域生活品质的促进作用。强化中小城镇服务功能，围绕生活性服务业重点领域，充分发挥各区（市）县比较优势，积极打造一批服务业科创空间和特色小镇，形成服务业高质量发展的新增长点。

志愿服务关爱行动。围绕群众生产生活需求，组织开展科普服务、技能培训等美好生活志愿服务活动。以"推动移风易俗、弘扬时代新风"为主题，组织开展文明过节志愿服务活动。以"美丽中国·我是行动者"为主题，组织开展关爱自然志愿服务活动。按照各地疫情防控总体部署，组织开展疫情防控志愿服务活动，推动志愿者积极参与防疫宣传和管控。

社区志愿服务行动计划。推动镇街依托社会工作站建设志愿服务站，推进城乡社区志愿服务站点全覆盖建设。推动养老服务、儿童福利、未成年人保护、婚姻登记等机构和城乡社区设置相对稳定的志愿服务岗位，鼓励开展社会救助、养老助残、未成年人关爱保护等领域志愿服务活动，培育一批志愿服务品牌项目。

"天府市民云"用户提升行动。着力打造面向市民生活服务的总入口，加快健全覆盖个人全生命周期的智慧服务体系，围绕市民关心的民生问题，打造"购房一件事""身后一件事"等场景化服务。拓展"天府市民云"覆盖区域，推动成渝、成德眉资服务联动共享，新增资阳、眉山市民云频道服务60项。

（四）推动平安筑基"五个强化"，构建社区安全共同体

超大城市的社区具有复杂性、敏感性和不确定性，也广泛存在制度碎片化、个体原子化、责任模糊化以及信息孤岛化等问题。如何破解治理密

码构建社区安全共同体，是超大城市治理现代化亟须解决的问题。

【案例6-9】平安筑基"五个强化"主要项目

重要物资保障行动。深入推进"米袋子"强基行动，做好猪肉、蔬菜等"菜篮子"产品生产流通组织，推动成都都市圈共建联建蔬菜、猪肉生产基地，加快农产品标准化冷链仓储物流设施建设，推进零售终端菜市（店）融入15分钟社区便民生活服务圈。

社区应急服务行动。整合社区公园、广场等场馆服务资源，改造或完善社区应急避难场所，推进应急信息化建设，完善应急广播体系，定期开展应急避险知识宣传和应急避难演练活动，每个城乡社区均设置1名灾害信息员。

公共卫生应急基础设施建设提能行动。加快推进成都市紧急医学救援中心、成都西部公共卫生应急救援中心、成都市精神卫生中心（成都市脑科医院）、成都市疾病预防控制中心重大疾病及健康危害因素检测能力提升项目等项目建设，力争全市县级疾控机构全面达到三级乙等标准。

社区卫生服务行动。持续提升基层医疗卫生机构服务能力，推进社区医院建设工作，拓展医养结合服务。推进村（居）民委员会下属公共卫生委员会建设，到2025年，力争实现全市城乡社区公共卫生委员会建设全覆盖。

公共卫生安全保障行动。落实基本医疗卫生与健康促进法、传染病防治法等法律法规，推进公共卫生环境治理法治化工作，探索构建系统完备、科学规范、运行有效的公共卫生法律体系。

村（社区）群众工作之家提能增效行动。开展信访全程代理，提高人民建议征集质效，强化矛盾纠纷排解，推动群众工作之家与社区"大联动·微治理"体系和网格化服务管理系统信息共享，处早处小化解矛盾纠纷。到2025年，信访工作与社区发展治理、社会综合治理深度融合，全面做到群众关切就近回应、意见建议及时反馈、合理诉求就地解决，基本实现信访不上行、矛盾不上交。

人民法院调解平台"三进"行动。依托人民法院调解平台，开展进乡村、进社区、进网格工作，通过在线对接基层解纷力量、邀请人员入驻等方式，构建分层递进、源头预防的矛盾纠纷化解路径，推动矛盾纠纷就地发现、就地调处、就地化解。

智慧安防小区建设工程。加快智慧安防社区管理平台和前端感知源建设，优先对案件多发、治安复杂、安防基础较差的小区开展建设和改造。到 2025 年，全市 80% 以上住宅小区达到省级智慧安防小区建设标准。

特殊困难群众"关爱随行"心理健康救助服务行动。依托困难家庭和低收入人口动态监测信息数据，及时发现有心理援助需求的特殊困难群众，发挥社会组织、社工、志愿服务和慈善服务的功能优势，为其提供一个求助有门、受助及时、援助有效的专业心理支持平台，引导与协助特殊困难群众走出心理困境。

（五）提升基层治理"五种能力"，构建社区行动共同体

超大城市要聚焦基层治理制度和能力建设，强化基层党组织、政府、市场、社会、社区等主体的作用发挥，构建社区行动共同体。

【案例 6-10】基层治理"五种能力"主要项目

"蓉城先锋"基层党组织和党员示范行动。建立示范创建与表彰表扬紧密衔接机制，加大典型经验宣传复制力度，每年评选命名"蓉城先锋"示范基层党组织 100 个、"蓉城先锋"党员示范标兵 100 名、十佳"蓉城先锋"示范基层党组织 10 个、十佳"蓉城先锋"党员示范标兵 10 名。到 2025 年，培育评选出一批"四强""四好"示范党组织和党员，全面激发基层党组织和党员创先争优、奋勇争先的内生动力。

筑网强基组织体系提升行动。加强基层党组织规范化建设和社区网格党组织设置，定期开展党组织设置不合理、覆盖不到位、体系不健全等情况排查整顿，持续开展新兴领域"两个覆盖"集中攻坚。探索县域片区党组织设置，以中心镇为主建立镇级片区大党（工）委，以中心村为主建立村级片区多村联合党委，创新建立农集区党组织或功能型党组织，探索城乡接合部集中连片安置区和城市更新区域"片区党委+网格支部"运行模式，加大院落楼栋党组织建设力度，推动园区楼宇、商圈市场党组织实体化运行。

社区法治强基工程。建立健全居民自治章程和居民公约的区（市）县级民政部门合法性审查、备案和督导机制。运用信息化系统搭建"学法考试平台"，加强社区专职工作者学法用法教育培训，开展"民主法治示范

社区"创建活动。推进村（社区）法律顾问工作全面升级，引导社会力量参与公共法律服务，发展壮大法律服务志愿者队伍，加快推进法治宣传栏、法治文化阵地及法治宣传教育基地建设。

社区资源配置制度改革。建立闲置国有资产管理权移交社区自主运营或委托专业机构管理运营机制，建立部门投入社区非专项资金统筹使用机制，增强社区根据群众需求提供服务的资金保障能力。

社区专职工作者能力提升行动。充分整合和发挥国内知名高校、在地院校、基层治理特色培训基地等资源作用，健全社区专职工作者教育培训体系，实施社区专职工作者职业水平和学历提升计划，以村（社区）党组织书记为重点探索实施村（社区）"两委"后备人才培养工程。到2025年，建立覆盖职业全周期的社区专职工作者教育培训体系，社区专职工作者持有全国社会工作者职业水平证书人员占比达30%，大专及以上学历人员占比达90%。

社区工作人员参保促进行动。开展社会保险政策宣传，提供便捷社保经办服务，指导城乡社区为符合条件的工作人员参加养老、失业、工伤保险，并按时足额缴费，实现社区工作人员应保尽保。

社工服务促进工程。研究出台关于加强社会工作者职业体系建设的实施意见，制定社工站（室）规范建设指引，形成全市社会工作服务"四级网络"。将基层关爱援助、未成年人保护、为老服务、社会组织服务、志愿服务等站点建设整合融入社工服务站（室）建设，构建政策衔接、资源链接、信息互通、转办转介服务格局。

"十四五"时期成都城乡社区发展治理主要指标如表6-2所示。

表6-2 "十四五"时期成都城乡社区发展治理主要指标

类别	维度	指标	目标值	属性
建设幸福美好公园社区		分类建设城镇乡村产业三类公园社区/个	1 150	预期值
		梯次创建未来公园社区/个	100	预期值
		特色打造主题公园社区/个	500	预期值

表6-2（续）

类别	维度	指标	目标值	属性
构建基层治理共同体	社区发展共同体	每年实施社区微更新项目/个	≥345	约束型
		新建"回家的路"社区绿道/条	1 000	预期型
		保护修复川西林盘/个	1 000	预期值
		打造特色商业街区/条	200	约束型
		建设"邻里人家"社区综合体/个	50	预期型
		打造社区类空间/个	235	约束型
		新增基层公共文化示范点/个	230	预期型
	社区治理共同体	"四议两公开"示范化建设达标率/%	100	预期型
		居民小区（院落）"四有一化"完成率/%	100	约束型
		每个村拥有社区社会组织/个	≥10	预期型
		每个社区拥有社区社会组织/个	≥20	预期型
		培育社区社会企业/个	≥40	预期型
		新时代文明实践体系覆盖率/%	100	预期型
		"11+2"区域社区5G网络覆盖率/%	100	预期型
		智慧服务和管理平台社区占比/%	≥70	约束型
		培育孵化枢纽型、品牌型社会组织/个	≥30	预期型
	社区生活共同体	新增普惠性养老床位/个	10 000	预期型
		每千人拥有3岁以下婴幼儿托位数/个	≥8	预期型
		社区未成年人关爱保护服务阵地覆盖率/%	100	约束型
		社区未成年人工作专人专岗覆盖率/%	100	约束型
		镇街便民服务中心标准化建设完成率/%	100	预期型
		15分钟社区生活服务圈覆盖率/%	100	预期型
		发展社区连锁店/家	12 000	预期型
		每年新增社区志愿者数/万名	≥10	预期型
		年度活跃志愿者人均志愿服务次数/次	≥5	预期型
		社区用房每百户面积/平方米	≥30	预期型

表6-2(续)

类别	维度	指标	目标值	属性
构建基层治理共同体	社区安全共同体	社区应急预案完成率/%	100	约束型
		人均应急避难场所面积/平方米	≥2	约束型
		镇街、村（社区）应急响应队伍覆盖率/%	100	约束型
		村（社区）公共卫生委员会覆盖率/%	100	预期型
		镇街、村（社区）人民调解委员会覆盖率/%	100	预期型
		社区民商事纠纷起诉数量增幅/%	≤5	预期型
		省级智慧安防小区达标率/%	80	预期型
		村（社区）心理咨询室覆盖率/%	100	预期型
	社区行动共同体	村（社区）党组织书记和村（居）民委员会主任"一肩挑"完成率/%	100	预期型
		"两委"交叉任职的社区/%	100	约束型
		社会组织党建入章程/%	100	预期型
		"一社区一法律顾问"制度运行满意度/%	≥95	预期型
		社区群众工作之家设立率/%	100	预期型
		每年社区机会发布数/个	1 000	预期型
		每年社区工作事项准入清单动态调整/次	1	约束型

第五节　新时代成都市基础设施韧性分析

　　成都在中国西部扮演着非常重要的城市角色，同时也发挥着中国西部区域发展的牵引作用。建设安全、韧性、智慧城市既是全面贯彻落实总体国家安全观的要求，也是成都坚决维护城市安全、实现市民安心的坚定决心。"十四五"时期，成都围绕统筹传统安全和非传统安全，深入开展智慧韧性安全城市建设。构建弹性基础设施网络。将韧性标准融入城市规划体系，提高城市重要建筑和生命线系统等关键设施设防标准等级，优化防灾减灾空间，增强抵御自然灾害能力。这具体包括以下方面：

一、城市建设面临的新形势

（一）国家战略部署为新型基础设施建设带来新机遇

当今世界面临百年未有之大变局，我国经济已由高速增长阶段转向高质量发展阶段，坚持创新在我国现代化建设全局中的核心地位，深化供给侧结构性改革，进一步扩大国内需求，促进产业和消费升级，构建新发展格局，需要充分发挥新型基础设施建设稳投资、扩需求、促消费、助创新的作用和乘数效应，实施"东数西算"系列重大工程，为推动新型基础设施建设带来前所未有的新机遇。

（二）产业高质量发展为新型基础设施建设提供新需求

新一轮科技革命和产业变革加快演进，数字化转型成为产业转型升级的重要路径，科技创新成为提升产业基础高级化和产业链现代化水平的必然选择，实施产业建圈强链行动，提升产业链供应链稳定性和竞争力，推进产业高质量发展，构建支撑高质量发展的现代产业体系，为新型基础设施建设提供丰富的应用场景、激发广阔的市场需求。

（三）人民幸福美好生活对新型基础设施建设提出新要求

"十四五"期间，成都将加快建设智慧蓉城，提升科学治理能力，推动城市治理更加注重主动发现问题、事前预警防范，大力实施"幸福美好生活十大工程"，实现社会治理的智慧化、公共服务的精细化、生活方式的便捷化，更好满足市民对幸福美好生活的新向往，持续创造高品质生活宜居地优势，对新型基础设施的支撑能力提出新的要求。

二、城市应急管理建设情况

（一）体系建设进一步加强

组建市应急委及 18 个专项指挥部，市政府安委会成立城乡防火等 7 个专业委员会，优化调整市减灾委的机构组成和职能职责，统一领导、高效协同的应急管理组织体系初步形成。按照"分级负责、属地为主、层级响应"原则，建立市、区（市）县两级党委政府突发事件应对处置机制、军地抢险救灾协调联动工作机制，健全部门间地质灾害防治、防汛抗旱、森林草原防火、气象预报等联动机制，应急指挥、现场处置等机制逐步健全完善。防灾减灾能力不断增强。

（二）风险监测系统逐步建立

在城市广泛分布的地下管网、城市桥梁、隧道、电梯、综合管廊、人员密集场所、交通要道、地铁，以及公共安全、安全生产、自然灾害等安全风险重点防控的行业领域的重点点位，安装监控、各类传感器等风险感知设备，实时获取风险感知数据；通过 5G、物联网、云计算、大数据、人工智能等高新技术手段，搭建城市安全风险综合监测预警平台。通过软件平台，对大量风险感知数据的汇集和智能分析研判，实现风险的智能监测预警和辅助应急救援。

（三）安全管理机制逐步形成

（1）完善重大安全风险联防联控机制。加强城市灾害事故风险隐患排查评估，持续开展安全隐患整治，提高自然灾害和重大事故预测预警能力。制订城市建设领域重大风险预案，完善应急响应机制，切实保护群众生命安全。在片区城市更新改造中，同步推进燃气、供排水等老化地下管道更新改造，提升市政公用设施运行能力。积极推进全市房屋建筑风险自然灾害普查，加快老旧房屋安全隐患排查，形成 C、D 级危房台账，通过修缮加固、更新改造、原址重建等方式动态消除安全隐患。

（2）健全城市安全韧性应急体制机制。成都市应急管理局组建市应急委及 18 个专项指挥部，市政府安委会成立 7 个专业委员会，优化调整市减灾委的机构组成和职能职责。形成统一领导、高效协同的应急管理组织体系。成都市 2022 年正式印发了《关于完善基层应急管理体系持续提升基层应急管理能力的意见》，积极推动在第一线的基层工作人员的应急管理体制机制创新，积极构建"组织有力、协作有序"的具有韧性的应急管理"防抗救"全生命周期的第一线的基层应急管理体制机制。

（四）公共安全体系持续完善

1. 加强地下管网体系建设

（1）推进地下综合管廊成网。持续推进地下综合管廊与道路一体化建设，中心城区加快"环+射"综合管廊布局成网，天府新区加快"六横五纵"综合管廊布局成网，东部新区重点推进"三横一纵"综合管廊布局成网。周边区（市）县按照管廊专项规划要求，结合区域交通性干道、商业核心区道路建设情况统筹地下综合管廊建设。统一建立地下综合管网基础信息库，提升智慧化管理水平，完善地下综合管廊智能监控"1+2+N"智能管理体系，建立集规划、设计、施工、运维管理各阶段数据于一体的地下综合管廊"全生命周期管理"模式。

（2）补齐地下管线建设短板。在城市道路新建、改（扩）建过程中，同步统筹建设配套地下管线，逐步提升地下管线智慧化管理水平，合理设置地下管线智能监测设施，利用建筑信息模型（BIM）进行地下管线全过程建设管理。在城市更新过程中，充分利用信息化手段，结合排水管网普查成果，提升地下管线标准，治理管网病害，实施雨污分流，对易涝点进行专项整治提升。

2. 全面升级通信网络基础设施

（1）加快推进5G网络建设。推动5G独立组网（SA）规模化部署，逐步构建多频段协同发展的5G网络体系。加快拓展5G网络覆盖范围，优化城区室内5G网络覆盖，推进5G网络向乡镇和农村延伸，实现城市和乡镇全面覆盖、行政村基本覆盖、重点应用场景深度覆盖。优化产业园区、交通枢纽等场景5G覆盖，推广5G行业虚拟专网建设。深入推进电信基础设施共建共享，支持5G接入网共建共享，推进5G异网漫游。加快5G基站节能技术推广应用，降低基站设备能耗。

（2）全面部署千兆光纤宽带网络。加快"千兆城市"建设，持续扩大千兆光纤网络覆盖范围，实现城乡基本覆盖，推进城市及重点乡镇万兆无源光网络设备规模部署，开展城镇老旧小区光接入网能力升级改造。优化产业园区、商务楼宇、学校、医疗卫生机构等重点场所千兆光纤网络覆盖。推动全光接入网进一步向用户终端延伸，按需开展用户侧接入设备升级。

（3）积极构建卫星互联网络。融入国家卫星互联网体系，实施"星河"智能卫星设施建设工程，探索建设天基智能卫星互联网、卫星网络应用服务平台，构建支持巨型星座式星群管控任务的地面测运控网络，打造通导遥一体化空间信息大数据中心。持续推进北斗示范应用，完善"双核多点"北斗产业园区布局，打造国内领先的北斗应用基础设施。

3. 打造城市智能化交通设施

（1）建设智能道路基础设施。推动道路感知网络与基础设施同步规划、同步建设，在重点路段实现全天候、多要素的状态感知。加密扩面升级综合交通立体感知体系，逐步拓展区域覆盖范围，提升智慧交通数据采集、共享、处理效率。完成智能交通二期建设，启动智能交通三期规划建设。建设车路协同设施，支撑智能网联汽车协同示范应用。

（2）完善交通大数据中心。建设完善全市统一的交通大数据中心，集成市区两级多领域、多部门的交通数据，全面实现成都市交通数据汇聚、共享、融合、处理、分析、发布等功能，支撑成都市全域智能交通系统建设。统筹推动交通行业大脑与"智慧蓉城"运行中心紧密协作，促使数据资源实时共享、运行机制高度协同、应急处置高效联动，实现智慧交通与智慧城市协同发展。

4. 新技术基础设施不断丰富

（1）建立新型信息基础设施。在算力基础设施领域，成都超算中心一期建成投运，最高运算速度达到 10 亿亿次/秒，移动（西部）云计算中心、电信西部信息中心、联通天府信息中心建成投用，华为成都智算中心、阿里西部云计算中心等一批数据中心建设稳步推进，获批建设全国一体化算力网络国家枢纽节点。在通信网络基础设施领域，成都成为全国首个 5G 双千兆全面商用的城市，建成 5G 基站 3 万余个，基本实现对四环路内 5G 网络连续覆盖，千兆光网接入能力持续提升。成功发射全球首颗 6G 试验卫星"电子科技大学号"。国家级互联网骨干直联点网间带宽达到 770 Gbps，国际直连数据通道带宽提升至 40 Gbps，城域网出口总带宽达到 16.68 Tbps，成都拥有中西部唯一的全球 IPv6 辅根服务器。在新技术基础设施领域，成功获批建设国家新一代人工智能创新发展试验区、人工智能创新应用先导区，人工智能加速赋能智能网联汽车、机器人、无人机、计算机视觉、智慧医疗、智能家居等多个领域。省域区块链服务基础设施（蜀信链）建设启动，已授牌 10 个城市节点和 6 个行业节点，金融、物流、知识产权、存证、医疗等领域区块链技术应用不断丰富。

（2）提升人工智能基础设施服务能力。把握国家新一代人工智能创新发展试验区和创新应用先导区建设契机，建设人工智能应用场景公共服务平台，加强智能空管、普惠金融、智慧医疗等领域示范应用场景建设，推进人工智能新技术、新产品、新模式率先应用。发挥算力资源优势，建设面向人工智能行业融合应用的公共计算与协同研发平台、公共服务与对接交流平台，布局建设一批行业训练数据资源库、标准测试数据集。聚焦人工智能发展前沿和成都优势领域，推动机器学习、自然语言处理、人机交互等智能认知算法库、工具集和开源框架开发。

5. 智慧化治理设施不断更新

（1）强化城市运行基础支撑。聚焦城市运行"一网统管"和事件高效敏捷处置，建设"智慧蓉城"运行中心，实时监测城市运行态势，研判分析城市运行风险，指挥处置重大事件，提升城市智慧治理和服务能力。建设城市生命体征监测系统，建立城市生命体征指标体系，全时感知城市数字体征，掌握城市运行整体态势和趋势规律，提升城市应急处置和安全管理能力。

（2）强化政务服务基础支撑。聚焦政务服务"一网通办"，依托"天府蓉易办"平台，搭建"综合一窗"通用受理管理和智能化实体政务大厅管理平台，融合线上线下服务。建设"天府蓉易享"惠企政策平台，实现惠企政策的集中汇聚、精准查询、主动推送、高效兑现。持续拓展"天府市民云"功能，构建完善的一体化市民服务平台。推动"互联网+政务服务"向乡村延伸、覆盖。聚焦社会诉求"一键回应"，持续完善 12345 平台功能，畅通信息收集、数据研判、部门联动、督导落实等环节，提供更加精准化、精细化服务，为精准决策提供参考。

（3）完善智慧教育基础设施。建设覆盖全域成都的智慧教育新网络体系，推进智慧教育云平台、教育大数据支撑服务体系、在线教育资源平台、智能化教学系统、智能化管理系统、智能化学习环境等建设。积极推动公益性优质数字教育资源和网络课堂全域供给，汇聚各区域和学校的特色化知识点微课、体系化网课、课程开发工具等资源，发展全市各级各类学校的网络学习空间，支持优质中小学校以直播、录播方式建设同步课堂。

（4）升级智慧医疗基础设施。实施全域成都医联工程，推动医疗机构信息系统互联互通，推进全市全域电子健康档案、电子病历信息共享和检查检验数据互认。推进成都健康医疗大数据平台建设，升级改造全民健康信息平台。推动智慧医院建设，搭建智慧医疗平台，实现全市分级诊疗和区域公共卫生协同服务线上线下一体化。加快建设远程医疗服务平台，为远程会诊、医学影像、远程手术示教等医疗服务提供支撑，促进优质医疗资源下沉。推动县域远程医疗专网建设。建设完善健康医疗大数据平台、全民健康信息平台、医保大数据应用平台等，着力夯实智慧医疗信息化平台建设基础。

（5）建设智慧养老基础设施。加快建设智慧养老服务综合信息系统平台，实现老年人信息的动态管理和健康信息持续监测，推进养老服务、行业监管数字化转型升级。建设智慧养老机构，提供入住管理、餐饮管理、健康管理、生活照护等智能化服务，提升运营服务水平。推动社区养老服务智能化，实现智慧养老服务与社区服务深度融合，提升养老服务质量。

探索推进互联网医养融合和居家健康监测远程照护服务网络建设。

（6）完善智慧社区基础设施。构建社区基础数据库，汇集时空地理、电子证照、人流物流等数据，构建社区数字地图。加快推进社区智慧物业、智慧安防等基础设施落地建设。加快布设自助公共服务终端，打造数字化社区便民服务中心。依托"天府市民云"，建设完善社区服务管理综合信息平台，优化面向社区工作者、社区居民的线上服务和交互功能，满足居民精准化、个性化需求。推进农村地区数字社区服务圈建设，提升综合服务功能。

第七章　全周期理念下超大城市韧性治理路径

城市是国家治理的重要场域，更是国家治理的重要节点和枢纽领域。城市安全治理质量直接关系着整个国家治理体系与治理能力现代化能否实现，直接决定各个城市群（圈）的治理质量与发展前景。习近平总书记强调："要树立全周期管理意识，加快推动城市治理体系和治理能力现代化，努力走出一条符合城市特点和规律的治理新路子。""全周期管理"是着眼完善城市治理体系提出的新理念、新主张，为探索城市现代化治理提供了方向和指引。在十三届全国人大三次会议上习近平总书记指出要把全生命周期管理理念贯穿城市规划、建设、管理全过程各环节。超大城市的风险管理要做到前期防范、早期遏制、中期控制、后期反思的全周期闭环管理。

超大城市是多要素集合体，类似人体——由肌肤、骨骼、血管、神经系统等构成，一方面各组织发挥其功能，另一方面各组织之间相互协调运行。超大城市人口聚集，城市化进程加快，城市内部多发性、多样性、复杂性和叠加性因素增加，给城市带来"城市病"。因此，超大城市治理需要用系统治理的思路、全周期治理的方式，从全面、系统的视角认识城市，并按照规律采取城市全周期治理模式。

第一节　传统韧性文化给韧性治理的借鉴和启示

一、民族韧性文化

水利万物而不争，是因其柔性；山历千载而不倒，是因其刚性；中华文明屹立于世界五千年而不变，是因其韧性。无论经过什么样的历史变迁，中华民族都不曾消亡，文化从未停止流淌，中国人的品格一代一代薪火相传。五千年沉淀下来的文化，诉说着文明的韧性。中华文明的历史不是一帆风顺的，其历史韧性、革新力与自信力构成了其漫长历程中的坚守与发展的关键因素。我国在历史上虽经历各种自然灾害，包括洪水、旱灾、蝗虫、地震等，但都能够将危机转化为机遇。比如，在古代，中华先民为消除洪水泛滥付出了巨大努力甚至生命，他们通过修建水道来驯服洪水、变害为利。这种韧性，这种不屈不挠的精神，使中华文明能够度过危机、涅槃重生。这种坚韧的特点在中国历史中一再显现，无论是应对自然灾害还是其他挑战，中华民族都展现了强大的适应力和恢复力。中华文明一次次展现出其不屈不挠的精神实质，保持了自身的历史连续，焕发出持久的生命力。

自秦代以来，中国实现了对超大规模国家的有效治理，且被打破后仍能重建，成为世界政治史上的奇迹。在大一统体制与大规模治理的张力结构下，所谓国家韧性就是中国古代国家长期维系其大一统的国家形态的特性。在农业文明时代，大一统体制的自然趋势是走向分崩离析。与大部分前现代大型国家相比，中国古代大一统王朝独树一帜，以具有强烈中央集权和科层制色彩的国家形态在历史上长期存在。

（一）中华韧性文化

五千年的风和雨，背后是多少挑战！中华文明能够"活"下来，靠的不是幸运和偶然，靠的是不断应对挑战、寻找解决方案的集体意志、决心和能力，靠的是无与伦比的"中国韧性"。这种"中国韧性"，意味着极大的包容性。面对挑战，中华文明能够学习"外来者"的优长，不仅与其"和而不同"，而且能够"化外为内"，获得"新"的积极要素，实现自身的成长；对于此前占据核心地位但已然不能担负历史使命的"前行者"，那些通常来自边缘但代表历史方向的"后来者"也不会将其完全否定，而是充分尊重并保留"前行者"最初作为积极力量时的合理性，从而保留"旧"的合理成分。包容"外来者"，使得中华文明能够突破空间限制而变得博大；包容"前行者"，使得中华文明能够突破时间冲刷而实现延续。中华文明博大精深、源远流长，奥秘就在"亦新亦旧"之间。这种"中国韧性"，意味着务实的灵活性。面对问题，中华文明并不主张从僵化的抽象原则出发，而是从具体的活的现实出发，实事求是地寻找解决方案。

从文明发展角度来看，基督教文明、伊斯兰文明与中华文明在推动国家韧性形成方面表现出不同的原因。周光辉教授认为：①基督教文明和伊斯兰文明具有鲜明的制度性宗教色彩，而中华文明虽包含佛教、道教等宗教流派，但仍是以儒家学说为主体的世俗性文明。儒家学说形成了对古代大一统国家合法性的系统性证成，对中国古代国家形态的影响最为深远。相比之下，西欧、中东等封建王国所依赖的合法化系统来自基督教、伊斯兰教等超验的一神教。汉学家费正清指出："在世界上大多数帝国统治者主要依靠宗教权威的时候，儒家给现政权的行使权威提供了一种理性上的和伦理上的依据。这是政治上的一大发明。"②作为具有强烈宗教色彩的文明，基督教文明和伊斯兰文明的国家都存在历史学家汤因比所说的"大一统教会"，而中华文明的世俗性决定了其国内并不存在能够与皇权相提并论的教权，也不存在具有高度组织化的教会。所以，中国历史上并没有发生宗教战争。历史社会学家艾森斯塔德总结说："中国没有组织化的教会。唐代的寺院与集权式教会体制最为相像，但它与欧洲的天主教会仍然毫无共通之处。没有一种中国宗教变成了充分组织化的自主单位。"因此，基督教文明和伊斯兰文明的发展并不全然依附于某种国家形态，相对更依托教会及信众，而中华文明的长期延续则主要表现为一种特定国家形态的长期延续，也就表现为人们所观察到的国家韧性。

（二）中国韧性智慧

（1）刚柔并济。宏观层面对生态空间、农业空间、城镇建设空间格局予以刚性管控，坚守底线思维；中观层面在城市中预留、构建充足的弹性应急避难空间，并将其各点进行有机的线性联通，形成高效的避难空间系统，对抵御二次灾害有极其重要的作用；微观层面预控应急基础设施，如布局应急医疗用地，保障重要基础设施通道接入条件，整体注重弹性、灵活性与保护性等。

（2）天人合一。"天人合一"思想是中国古代传统哲学的核心思想，也是我们东方整体性思维的重要来源，它解决的是人与自然的关系问题。"天人合一"思想的来源和产生以《周易》和《道德经》为主，它所表述的是一种人与自然和谐共生的思想原则。《周易·乾卦·文言》载："大人者与天地合其德，与日月合其明，与四时合其序……先天而天弗违，后天而奉天时。"其中"天地"即指人类外部自然界，"人"指人类本身及其创造性活动，这句话揭示了"天人合一"的思想，也是人类发展的最高境界。它所包含的意义即人类应该与外部自然界规律保持一致，不违背天时，按规律办事，表现了一种"天人和谐"的思想。另外，在其他部分也有体现，如"天行健，君子以自强不息"即天有天道，人要研究天道，以适应天道；人的生活目的应"参赞天地之化育"等。《道德经》（二十五章）有云："故道大，天大，地大，王亦大，域中有四大，而王居其一焉。人法地，地法天，天法道，道法自然。"其中"王"即指人类，表明人类要顺其自然行事，追求人与自然的和谐统一，敬畏天地自然，不违背天命，因为天地自然与人是一个统一的有机整体。另外，《庄子·齐物论》有"天地与我并生，而万物与我为一"的说法，《庄子·天地》有"天地虽大，其化均也；万物虽多，其治一也；人卒虽众，其主君也。君原于德而成于天，故曰玄古之君天下，无为也，天德而已矣"的说法。这些言论都同样表达了"天人和谐"的思想。由于这种思想影响着中国社会的方方面面，同样城市规划领域也深受其影响，所以，受这种思想影响的中国城市规划必定对今天的城市发展与建设有借鉴意义。

二、城市精神品质与韧性文化

（一）城市精神品质

一座城市就像一个人，是有其独特的性格和灵魂魅力的。城市性格，是城市自身的形象和内涵，具体地说，就是一种气氛、一种特征。例如，北京人才济济，上海最有"腔调"，苏州精致温婉，成都悠闲安逸，重庆火爆直爽，拉萨神秘纯净，广州时尚开放，西安古朴实在等。这种独特的差异，将城市的性格分为开放型城市、婉约型城市、浪漫型城市、历史厚重型城市，给人的直观感觉是"商业""水性""柔性""土性"等。在这些独特的城市特征背后，都有其历史特征，城市本身必须有特色、有个性。

（二）城市韧性文化

中华文明绵延数千年而不断，其存续发展蕴含着深刻的韧性智慧。纵观中国古代城市建设及弭灾制度，无论是城市建设与自然协调、城市防灾设施建设，还是国家控灾制度的演进，其过程都体现着我国古代传统韧性智慧的思想底蕴。

经研究发现，我国古代典籍中大都蕴含了与城市韧性相关的典型内容与思想内涵，且这些韧性思想内涵随着时代的变迁而变化演进，反映了各朝各代城市建设思想的变化，即从被动适应到主观追求的演进。其中，春秋至秦汉时期我国城市建设科技水平相对较低，同时受"天人合一""阴阳五行"等神学思想的影响，城市建设基本遵循自然法则，体现为城市建设始终被动地去融入自然、追求"人—城市—自然环境"的和谐相生，而这也孕育了我国传统的韧性智慧。这种"被动适应"的妥协实质就是我国古代早期灾害应对思想的初步体现，也构成了这一时期韧性智慧的重要特征，主要体现在崇尚自然的思想意识与因势赋形的城市形制方面。元、明、清时期，古人对于防灾减灾越来越注重系统性与全面性：元代推行了更加系统的防灾制度，明、清依靠社会力量采取了政府主导、全民参与的救灾模式，无论是在赈灾制度方面还是在社会机制方面都取得了全面的进步，为当代强调公众参与的韧性城市建设提供了有益的借鉴，同时，也代表着这一时期我国传统韧性智慧的发展已然达到较为成熟的阶段。

古人面对不可抗拒的"灾害"影响，在建设实践中积累了大量的韧性智慧，主要体现在城市布局、建筑建造技术、水利基础设施、防火防洪设施等方面，且在不同阶段其内涵有所不同。我国古代城市选址在《周礼·考工记》所提供的城市基本"范式"下，同时受到多重因素的影响。随着时代的发展大多数城市在选址上在遵循管子、周易等的朴素山水自然观因势赋形、因地制宜，出现了各种形态的城市；城市选址还受到"择中""象天"等堪舆思想，以及自然、交通、政治、经济、历史人文、防灾安全等要素的综合影响。除整体的城市建设选址与形制外，古代城市功能要素布局中也体现了传统韧性城市建设手法与思想，在道路尺度、城市防御设施等方面皆有所体现。如防御设施是城市筑城技术的产物——从原始的木栅栏、夯土等构筑物，到版筑、夯土技术的出现，以及后续出现的瓮城、箭楼、马面等防御设施，明代以后这些建设技术更为普遍、成熟。

综上，这些品质的形成很大程度上得靠一种历史的积淀和文化的凝结。只有当人与城市处于一种水乳交融的状态时，城市的这种个性魅力才得以展现并且光芒四射。一个城市在一定历史阶段所经历的事件对城市的个性影响很大。

三、巴蜀韧性文化

巴蜀地区人杰地灵，历史名人灿若群星，留下了浩如烟海的文献典籍，积淀了深沉厚重的文化底蕴。巴蜀文化是四川盆地的地域文化，是中华优秀传统文化的重要组成部分。加强巴蜀文化研究，深入发掘巴蜀文化的时代价值，对传承和发展中华优秀传统文化具有重要而深远的意义。

（一）地域文化

千百年来巴蜀子民凭借极强的生存能力，去适应、改造各种环境。看似热衷享乐、追求安逸的四川人骨子里极为坚韧，他们总能想方设法超越眼前的障碍，为能拥有理想的生活而付出不懈努力。

四川史学家陈世松指出，僻居内陆腹地的四川人，由于交通信息闭塞，比起开风气之先的沿海人似乎很难有敢为天下先的精神。但是，穷则思变，愈是闭塞便愈思开通、愈想打开眼界，因此，四川人也在这种开通进取的状态下，敢作敢为，以致在近现代以来的历史上树立了许多"敢为天下先"的典范。

从近代革命史来看，四川走出了多位很有影响的革命家，从他们身上我们看到了四川人"敢为天下先"的精神。在近代，四川保路运动"敢为天下先"，成为引发辛亥革命的导火线。孙中山高度评价四川人的这种敢为天下先的历史功绩，他说："若没有四川保路同志会的起义，武昌起义或者要迟一年半载。"四川史学家谭继和指出："近代百年巴蜀革命潮流，由保路运动肇其端。"

四川史学家陈世松指出，改革开放以来，发生在四川大地上的"先天下而为"的大事更是数不胜数。在农村改革方面，1980 年 4 月，四川广汉向阳人以解放思想、实事求是的态度和大无畏的胆识和勇气，第一个摘下了"人民公社"的牌子，正式挂起了"向阳乡人民政府"的牌子。向阳人率先恢复乡村建制的创举，在全国农村引起了强烈的反响，受到国际舆论的广泛关注。以此为开端的经济体制改革，被正式写进了国家的根本大法，载入了新中国的光辉史册，向阳也因此获得了"中国第一乡"的美称。

（二）抗震精神

千百年来，素有"天府之国"之称的四川经历过一次又一次惨重的天灾与战乱，但是灾难过后，四川总能浴火重生，恢复为"天府之国"。在"5·12"汶川大地震这场巨灾面前，四川人以其在废墟中面对生死的从容坚韧，在震后救援中的无私奉献，在余震生活中的幽默豁达，在灾后重建中的自强不息，赢得了世人的赞誉。在巨大的灾难面前，四川人身上那种"坚韧"的品质更是表现得淋漓尽致。四川感动了世界——人们感动于川人的担当、坚韧与自强。世界再一次认识了四川，认识了生活在这片土地上的四川人。千百万四川人用可歌可泣的壮举，参与熔铸了伟大的抗震救灾精神；伟大的抗震救灾精神与川人的精神品格血脉相通，使"四川精神"增添了时代感和向心力。这种坚韧的精神，是四川人民在抗震救灾的血火考验中，在灾后重建的艰苦环境中，凝聚而成的普遍认同；透过"四川精神"，我们可以读出迎难而上、负重自强的基调，读出同心同德、共克时艰的风尚，读出化危为机、奋发有为的魄力，读出敢为人先、勇于担当的品格。"四川精神"张扬于四川大地，不断开拓前行、创造奇迹。

第二节　以"全周期管理"理念构建超大城市韧性体系

一、前期：优化城市规划，完善设计标准

首先，强化科学引导，建立城市安全基础。以韧性城市理论引导城市规划安全研究，加强城市防灾和应急预警系统性研究。识别致灾因素和脆弱性，建立超大城市韧性评价体系，为超大城市韧性发展规划提供科学依据。其次，优化空间布局，构建韧性城市肌理。以超大城市韧性建设为总体规划目标，合理进行城市布局。由传统的工程韧性转向动态的演化韧性。完善超大城市空间系统，合理配置超大城市空间结构，充分发挥超大城市空间缓冲功能。再次，提高超大城市基础设施灾害防御标准。重点关注超大城市基础设施和设备，增强基础设施应对重大风险和应急事件的能力，对超大城市基础设施应对多灾的设计标准进行修订。最后，研究制定可恢复超大城市功能结构设计标准。指导既有城市基础设施的可恢复评价和改造工作。

二、中期：强化建设管理，加强运营管理

首先，提升超大城市运营智慧化水平。运用大数据和人工智能等先进技术，加强超大城市运营管理，提高基础设施安全隐患排查技术，重点治理和消除重大安全隐患，提升超大城市基础设施维护管理智能化水平，加强全过程管理。其次，提升超大城市基础设施运营安全管理整体水平。充分发挥公共服务功能。最后，强化运营安全保障社会参与。建立健全超大城市基础设施安全管理社会参与机制，共同保障城市基础设施运营安全。

三、后期：借助城市更新，补齐安全短板

首先，更新城市理念，完善决策机制。确立以风险管理为中心、以韧性评价为支撑的城市更新理念。将城市韧性评价指标与风险评估分级纳入城市更新决策考虑范围，完善城市更新实施评估机制。研究制定基于城市韧性评价指标的单体设施、社区及区域等不同空间尺度的城市更新对象。其次，改进城市更新措施，消除安全隐患。以风险辨识为基础，对更新地区进行全面风险评估，识别重点风险，制定城市更新风险管控措施。坚持分类指导与安全发展相结合的原则，开展城市更新，引导社区、区域有序进行产业集聚、升级或功能置换，严控安全风险。

第三节　以"全周期管理"理念提升超大城市韧性治理能力

超大城市要素庞大，首先表现出车辆多、高楼多、企业多、管道多和电线多等城市硬件问题，还有人口过剩、人口流动性强、社会结构复杂、生态环境污染、基础设施老旧等问题。超大城市的特点决定了其风险点多，且各种风险相互交织，极易形成风险的集聚效应、蝴蝶效应和多米诺骨牌效应。城市治理面临一系列问题与挑战，如超大城市要素与治理能力不足的矛盾，超大城市异质性与治理模式单一的矛盾，超大城市个性化要求与传统管理模糊之间的矛盾。因此超大城市要进行综合治理，就要对城市进行精细化、智慧化治理。

一、提高经济集聚水平，增强城市经济韧性

（一）优化经济产业结构

产业结构是经济发展水平的重要标志。优化超大城市产业结构，调整第一、二、三次产业的比重，并把发展生态经济作为增强城市活力的基础。具体有以下几方面内容：①改造提升传统产业。聚焦高端化、智能化、绿色化、服务化方向，加大新技术、新业态、新模式的推广运用力度，促进传统产业转型升级，实现向低能耗、环保型的发展模式转变。②加快培育新兴产业。扩大新兴产业对于传统产业的带动效应，为超大城

市经济高质量发展提供内在动力。运用物联网、大数据等信息技术，积极培育智能新兴产业，推动平台经济、虚拟经济等新业态健康发展，促进形成新的经济增长点。③完善超大城市产业分工体系。加强城市间产业联系。④增强自主创新能力。建立以企业为主体、市场为导向、产学研相结合的技术创新体系，大力提高创新能力，提升产业整体技术水平。

（二）加强科技创新引领

科技是国家强盛之基，创新是民族进步之魂，创新也刺激了由科技产业领导的城市经济复兴。进入 21 世纪以来，新一轮科技革命和产业变革正在孕育兴起，全球科技创新呈现出新态势、新特征。超大城市应该具备经济创新能力，提升应对风险的能力，才能实现超大城市经济韧性。

（三）大力发展循环经济

发展循环经济是我国经济社会发展的一项重大战略。"十四五"时期我国大力发展循环经济，推进资源节约集约利用，构建资源循环型产业体系和废旧物资循环利用体系，对保障国家资源安全，推动实现碳达峰、碳中和，促进生态文明建设具有重大意义。为解决超大城市基数大、人口多、环境污染等问题，需要大力发展循环经济。这具体包括以下方面的内容：①建立一套科学、严谨、完整的循环经济评价指标体系，有助于更好把握循环经济的发展阶段与实现程度。目前，国内在评价不同行业的园区、企业循环经济发展水平方面，由于其技术的复杂性、涉及的专业性，尚有不少空白等待填补。②营造良好的制度环境。可以保障和推动循环经济理念在超大城市的实践应用，引导其向正确的方向发展。由于循环经济发展的层次性与复杂性，需要地方政府结合国家整体战略与地方产业特点制定差异性政策。

（四）推进区域协同发展

党的二十大报告对促进区域协调发展作出了一系列重要部署，包括"构建优势互补、高质量发展的区域经济布局和国土空间体系"等，这为我国更好促进区域协调发展提供了方向指引。在超大城市中心区域生产性服务业比较发达，生产性服务功能逐渐成为其发挥外向作用的主导功能。超大城市内空间功能分工的深化有助于将不同比较优势产业在城市区域内进行精细化分配。这具体包括以下方面的内容：①优化产业结构。推动超大城市的中低端生产制造等非核心功能逐步有序向城市外围转移，构建特色鲜明、优势互补的发展战略。②破除要素流动障碍。营造规则统一开放、要素自由流动的市场环境。同时需要推进超大城市基础设施一体化，为区域之间的要素充分流动和协调发展提供扎实的物理基础。

二、完善社会保障机制，增强城市社会韧性

（一）重视人才培养

对一座城市而言，人才是城市发展的重要根基。如何在中国式现代化道路上让人才成为赋能城市发展的强大支撑，已成为城市发展的当务之急。坚持人才引领，驱动城市创新发展。人才高度决定着城市高度，人才是城市高质量发展的最大动能。要积极利用各类海内外人才平台，以识才的慧眼、爱才的诚意、用才的胆识、容才的雅量、聚才的良方，广聚天下英才，广开进贤之路。要坚持高标准，聚焦技术创新、产业发展、服务社会，精准揽储高层次人才。要不拘一格降人才，敢于突破条条框框，让各类人才为我所用，形成人才集聚效应和人人尽展其才的引才用才格局。

（二）改善公共服务

超大城市有着社会少子化、老龄化、人口结构多元化特点，要深化社会政策配套改革，提升公共服务水平。新时代新阶段提高城市公共服务承载能力是涉及能源、设施和机制等方面的系统工程。重点要做好以下四个方面的工作：①补齐超大城市公共服务设施短板。良好的服务设施条件是公共服务能力提升的基础。聚焦群众"急难愁盼"问题，组织实施好社会领域的重大工程，积极支持城市改善，提升公共服务能力。②加强超大城市公共服务人才培养。健全公共服务从业人员教育培训制度，定期组织职业培训和业务轮训，增强公共服务专业化属性。③系统提升超大城市公共服务效能。首先，改进服务享有机制。运用信息化技术、主动响应的公共服务机制，精准到服务，实现从"人找服务"到"服务找人"的转变。其次，着力提升服务便利性。超大城市更需要进行"一刻钟便民生活圈"建设，推进便利店、餐饮店等便民服务进社区和居民点。通过在城市社区和小区公共空间嵌入相应功能性设施和设备性服务，更好地满足社区居民公共服务和美好生活的需求，真正把公共服务的资源配置在老百姓的家门口。④推动城市公共服务多元供给。超大城市人民群众的需求弹性更大，个性化和多样化特征更加明显，政府要做好公共服务供给的领航员，调动各方参与公共服务的积极性，加快构建公共服务多样化格局。

（三）完善社会保障机制

习近平总书记指出，"保障和改善民生没有终点，只有连续不断的新

起点"。社会保障是保障和改善民生、维护社会公平、增进人民福祉的基本制度保障。完善社会保障机制是增强超大城市社会韧性的必由之路。这具体包括两方面的内容：①关注弱势群体需求。一方面，高度重视特殊教育，加大特教经费投入。提高普通学校特殊教育设施设备配置标准，优化特殊学生所在学校空间布局，配足配齐各类特教教师并在绩效工资分配时予以倾斜。另一方面，突出人性化服务，妥处公共设施细节问题。进行超大城市公共服务设施建设要求适时对人行步道、公共汽车、车站、码头、商场、政府办公楼等公共服务设施进行改造，以更好体现城市的温度。②强化社会机制建设，增强城市治理协同性。要最大限度地促进社会资源开发与利用，建立灵活的社会机制，吸收各界有益的治理经验，发挥优势补齐短板。同时，建立长效机制，促使各部门联动防控，实现政府和社会的协同治理，从而大幅度强化城市社会韧性。

（四）培育韧性社会

韧性城市建设一方面要从"硬件"入手，打造坚实基础；另一方面，要增强城市的"软"支撑，提升城市文化的品格，通过打造创新、有活力的城市文化，从整体上凝聚居民的共识，涵养成熟的民众心态，提高居民综合素质。社区作为居民日常生活和活动的中心，承担了城市有序运行的重任。以社区生活圈为基本防灾单元，合理布局防灾避难设施和场地，适度预留社区设施的空间，提高社区应对各类灾害和突发事件的事先预防、应急响应和灾后修复能力，进一步加强城市社区的韧性建设，不断优化韧性社区结构、有效提升社区韧性水平。此外，韧性城市建设还应当重点关注低收入人群，使低收入家庭有合适的住房可以居住，保障基本民生。安全稳定的生活是凝聚社区力量的基础，毕竟有韧性的城市离不开有韧性的人。积极引导社会力量共同参与韧性城市工作，在全社会营造安全韧性城市建设的良好氛围。

三、加大环境保护力度，增强城市生态韧性

（一）树立生态文明理念

①创新超大城市生态环境保护理念。加大对新型环保理念的宣传力度，从"低投入""低污染""高产出"的角度出发，打造创新型经济模式。把生态文明教育纳入教育、干部职工培训中，深入开展生态文明教育进机关、进乡村、进社区、进学校、进企业活动，加快生态文明知识普

及。鼓励绿色出行和消费，倡导超大城市文明健康的生活方式，增强全社会建设生态文明的主人翁意识。②要树立循环利用的资源观。超大城市"资源有限，取之有度"，如果不节约资源，势必有资源枯竭的时候，因此，一定要加强资源的循环利用，着力发展循环经济。③要着力倡导绿色生活方式。超大城市要提倡绿色生活方式，做到节约资源，减少污染，绿色消费，重复使用，垃圾分类，循环回收，保护生态环境。

（二）完善生态保障机制

超大城市城市化进程加快，为了实现生态环境和经济社会的平稳协调发展，要建设生态环境保护机制。这具体包括以下几方面的内容：①区域内要积极推进部门间的沟通和交流，颁布新的生态环境建设政策，充分调动企业和个人的积极性和主动性，保障生态环境保护工作的顺利开展。②建立污染监测体系。对超标排放的企业要进行罚款和惩罚，加大环境教育的力度，提高公众环保意识。③建立生态环境监测与评估体系。对存在的生态环境问题，组织科研机构和专家学者开展环境保护项目研究，提供生态建设的科技支撑。

（三）推进城市产业转型

在以生态文明为主导的时代浪潮中，产业的生态化发展可以更好地推动城市的成长和演化。构建生态化的产业体系是生态经济时代城市发展的一大要务和重要前提。在生态经济条件下，超大城市要推进产业结构的升级与改良。这具体包括以下内容：①在进行城市产业选择时将重点放在环境友好的产业类型上，尽可能将提高城市资源利用效率作为产业调整和主导产业确立的决策核心。②对城市中的传统产业和经济支撑产业，要加快绿色科技的推广，完成产业链的生态转变，发挥产业集聚和生态共生效应。③要发挥生态互补的协同优势。做到以基础产业的辅助能力来实现产品生态再生，提高资源循环利用率和无公害处理相结合，解决超大城市产业发展的资源瓶颈问题。

（四）推进依法治理生态

超大城市生态治理要充分体现"人与自然和谐共生"这个目标，形成一整套法律制度。要按照《中华人民共和国行政处罚法》和生态环境保护综合行政执法事项指导目录，落实《关于优化生态环境保护执法方式提高执法效能的指导意见》《关于加强生态环境保护综合行政执法队伍建设的实施意见》《生态环境保护综合行政执法人员着装管理规定》《关于进一步加强生态环境"双随机、一公开"监管工作的指导意见》《关于加强生态环境监督执法正面清单管理推动差异化执法监管的指导意见》等文件的要求，推进超大城市生态环境执法工作。

四、实行产业化运营，增强城市基础设施韧性

《"十四五"全国城市基础设施建设规划》指出，城市基础设施是保障城市正常运行和健康发展的物质基础，也是实现经济转型的重要支撑、改善民生的重要抓手、防范安全风险的重要保障。习近平总书记多次强调："把安全发展贯穿国家发展各领域和全过程。"超大城市人口和生产要素高度聚集，生活空间与承灾体高度关联，城市基础设施韧性建设牵一发而动全身。因此，应将城市基础设施建设纳入社会可持续发展的重要战略和韧性城市建设当中。

（一）加强配套设施建设

①建立市场化交换机制，推动基础设施产业化运营。这是因为，城市基础设施是具有垄断特性的"准公共物品"，但是随着城市化进程的加快，单一的政府投资和垄断一方面使基础设施供给不能满足日益增长的社会需求，制约了人民生活水平的提高，另一方面缺乏市场化的竞争导致基础设施建设的创新改革缓慢，无法保障城市公共安全。因此，将城市基础设施作为一项产业引入市场机制，对于提升基础设施的利用效率具有重要的推动作用。②深入解决资金短缺问题，提升基础设施配置水平。定期排查和维修陈旧的基础设施，持续完善公共基础设施，补齐基础设施建设短板。③赋能智慧城市建设，加快基础设施高端化发展。大力推进5G基站、智慧基础设施建设，转变传统粗放的发展模式，提高城市基础设施建设的利用率。

（二）强化城市工程韧性

①提高超大城市建筑防灾安全性能。对城市内房屋设施抗震性能进行排查，对不达标的房屋建筑进行改进加固。加强高层建筑的防火灭火设施检查，对不达标的设施进行整改。提高超大城市应急指挥、医疗救护、卫生防疫、避难安置等场所的抗震设防标准。②提升超大城市生命线工程保障能力。加强对影响超大城市安全的工程的维护，提高城市生命线工程高度集中且相互关联的关键节点和区域的恢复能力和速度。③加强超大城市灾害防御工程建设。提高超大城市森林火灾、地质灾害、防洪防涝防御工

程标准。统筹超大城市防御工程体系建设。

（三）统筹拓展空间韧性

①配备疏散救援避难空间。超大城市要以干线公路网和城市干道网为主通道，建设安全、可靠、高效的城市应急救援通道系统，统筹应急避难场所选址和建设，逐步将各类广场、绿地、公园、学校、体育场馆、人防工程等适宜场所确定为应急避难场所。②增强超大城市空间布局安全。统筹超大城市地上地下空间，在城市空间布局上降低灾害损失风险。③提升超大城市防灾空间格局。统筹超大城市公共安全设施布局，完善城市开敞空间系统，优化城市通风廊道，预留弹性空间作为临时疏散、隔离防护和防灾避难空间，谋划灾后中长期安置空间。

（四）完善中期控制机制，构建城市协同体系

（1）健全法规，完善制度性保障体系。超大城市要围绕构建系统完备、高效实用、智能绿色、安全可靠的现代化基础设施体系。具体来说，就是要加大政府投入力度、多渠道筹措资金、建立城市基础设施普查归档和体检评估机制、健全法规标准体系。

（2）党建引领，发挥党组织领导作用。超大城市建设要以人民城市为发展理念，把增进民生福祉作为城市建设和治理的出发点和落脚点，以党建为引领，发挥党组织的领导作用，破解超大城市基层治理难题。这具体包括以下方面的内容：①建立街区治理党建共同体。超大城市根据街区功能、定位和特点，构建各具特色的街区治理党建共同体，引领推动街区精细化治理、品质化发展。②建立城市更新区党建共同体，凝聚合力共同解决建设、治理、发展难题。

（3）多元参与，健全多层级互动机制。超大城市治理鼓励多元化参与。以成立理事会、举办行业论坛、公开征集意见等形式鼓励多元背景的公众参与，就城市空间、产业空间、环境治理等话题共商共治，促进城市包容性发展。

（五）促进后期精细化导向，实现城市智慧治理

习近平总书记指出："从信息化到智能化再到智慧化，是建设智慧城市的必由之路，前景广阔""要强化智能化管理，提高城市管理标准，更多运用互联网、大数据等信息技术手段。"让城市运转更智能、更智慧。同时，习近平总书记还提出"一流城市要有一流治理""城市管理应该像绣花一样精细"。

1. 实现治理理念的转变

树立以人为中心的智慧治理理念。习近平总书记指出："做好城市工作，要顺应城市工作新形势、改革发展新要求、人民群众新期待，坚持以人民为中心的发展思想，坚持人民城市为人民。这是我们做好城市工作的出发点和落脚点。"智慧治理主要是指运用数字技术进行治理。在具体的治理过程中可能会出现"数字鸿沟""数据独裁""算法至上"等问题，从而导致伦理缺位的问题。超大城市内部结构复杂，更应该给予人文关怀，将以人为本放在首位。在道德、法律、技术等方面不断提高治理水平，坚守"以人为本"的理念才能处理好由复杂人群组成的社会有机体中出现的问题，实现"善智"与"善治"的统一。

2. 构建治理智慧化机制

（1）法治保障机制。保障法治建设，是超大城市治理的法律依据。这具体包括以下内容：首先，完善超大城市治理智慧化的相关法规和制度。例如，超大城市中的水资源保护、生态环境保护、物业治理、交通道路治理、废弃物治理等城市重点领域的地方性法规和政策的建立、完善和修改。其次，加大城市治理智慧化的执法力度。提高执法效能，坚持集中整治和系统治理相结合，加强行业治理与综合执法的衔接，加大部门协作的统筹力度，完善行政执法与刑事司法的衔接机制、综合执法与行业执法的协同机制，强化多部门联合执法，以大数据、物联网、云计算和人工智能为手段，加强部门间信息交流和资源共享。

（2）应急管理机制。"应急+治理"是智慧化应急新路径，做好超大城市风险分析、评估、预判，提出应急预案。实施超大城市智慧治理要建立应急管理机制。这具体包括以下内容：首先，建立应急指挥平台。建立应急指挥"一张图"和应急资源管理平台，建设数字化应急预案库，推进应急管理部门系统内数据共享、外部门数据互通，汇集互联网和社会单位数据，提升应急处置能力。其次，加强应急通信保障。充分利用各类应急通信保障资源，确保断路、断网、断电等极端条件下通信畅通。再次，通过智慧化的手段，实现城市应急治理的协同联动，有效整合各类城市治理资源，推进有针对性的应急治理和后续善后措施。最后，完善城市综合防灾减灾体系，加强安全质量监管机构设置和能力建设，健全安全监管、安全预警、应急救援机制，建强专业化、职业化应急救援队伍。

（3）公共服务机制。超大城市面临着人口基数庞大、治理群体差异化突出、治理资源分布不均等问题，治理难度大，治理成本高。因此，进行超大城市公共服务建设，应当运用智慧化技术提供精细化、精准化、标准化和个性化的公共服务。在传统体制下，教育供给、医疗卫生、社会保障、物业管理等社会服务，由于居民需求的多元化与个性化，无法充分满足公民的需求。因此，在当前"互联网+"新时代背景下，智慧化公共服务有以下内容：①以智慧化推进超大城市公共服务的精准化。通过大数据分析，可以精准识别超大城市治理中不同区域、不同群体的公共服务需求，进行个性化定制和精准化服务。针对不同群体的差异化需求，尤其是对于中低收入阶层以及流动人口的实际需求及其变化，需要在及时跟踪和反馈了解的基础上，做出有效的服务供给和政策回应。②要着力优化社会治理资源的配置方式，构筑超大城市社会治理资源的社会化配置新体系。合理配置城市资源，落实城市服务、产业、生态等不同领域的全场景管理，通过稳步扩大基本社会服务、促进社会合作治理制度的有效供给，推动基本公共服务普惠化、均等化，推动非基本公共服务个性化、高端化，增强基层公共事务的社会自我治理能力，增强城市居民的获得感、安全感和幸福感。

（4）数据共享机制。超大城市治理要打破"信息孤岛"和"数据烟囱"。鼓励社会各方进行深度开发和利用，共享超大城市智慧治理需要的基础性数据，建立数据共享机制。这具体包括以下内容：①推进政府部门数据共享。打破数据壁垒，通过数据信息共享提升超大城市治理效率。②推进政府数据、社会数据、企业数据的共享。进一步搭建政府、社会组织、企业之间的数据共享平台，建立城市治理的共建共治共享机制，以数据共享提升城市治理的精细化、智慧化水平。

（5）信息安全保障机制。智慧治理主要依托信息技术，通过互联网进行超大城市治理。在智慧治理平台难以依靠政府单独进行持续运转的前提下，平台建设、数据转化等环节往往需要信息技术企业、个人等角色辅助运行，存在一定的信息泄露风险。因此智慧治理需要保障信息的安全性，建立健全信息安全防范、监测、处置机制，要对个人信息、隐私信息和重要商业信息进行数据保护。这具体包括以下内容：①建立数据安全等级保护制度，以保障数据使用的安全性；②建立并不断完善信息搜集、使用、挖掘等相关信息安全法规与制度，出台配套的法规政策、行业规范、实施细则等，从根本上保障信息安全。

（6）绩效评估机制。实施超大城市智慧化治理要建立考核评价机制。这具体包括以下内容：①搭建智慧治理评价系统平台，建立完善的评价制度与标准，对智慧治理效能进行评估，以"智慧评价"推动"智慧治理"，有效提升基层治理精准感知、精准管控、精细服务的能力。②组建第三方评估团队，邀请专业机构、高校专家组建团队，以项目委托的方式进行评估。③加强督促检查，不断完善评价指标体系，提高超大城市智慧治理考核的准确性和科学性。

3. 打造治理数智化生态

城市治理是推进国家治理体系和治理能力现代化的重要内容。在信息技术浪潮的推动下，大数据、云计算、人工智能等互联网技术进入城市治理领域，依靠互联网技术推动智慧城市建设，给城市治理现代化带来了新思路、新变化。以"数智化"推进超大城市敏捷治理，形成开放协作的城市治理生态。超大城市良性运行需要城市大脑运行管理，对城市进行监测预警、指挥调度，保证城市安全有序，统筹政府数字化转型，提高城市行政效率，提升城市治理能力和水平。数智化城市大脑依托智慧城市全域覆盖的感知体系，以及先进的信息基础设施在城市公共安全、生态环境、公共设施、立体交通、防洪防涝、政务服务等方面的应用，促进跨地域、跨阶层、跨系统、跨部门、跨业务的城市智慧治理，形成城市治理新模式。

超大城市数智化治理可运用于以下领域：

（1）智慧城管。坚持"一网统管"理念，提升城市运行快速响应能力。①城市生态监测。建立环境监测系统，可对整个环境实现自动、实时、连续的数据采集、传输、分析、显示报警等功能，便于实时掌控生态数据。利用人工智能和大数据分析确定环境污染，增强对"散乱污"监管的准确性。②道路防汛。构建道路防汛及桥涵防汛视频监控系统，实现交通路网防汛易滞占位实现全覆盖，提高对这些位置汛情的侦测、指挥、应对和处置的能力，利用 GIS 和 GPS 定位，对灾害发生实施动态监测，便于分析处理相关信息。

（2）智慧安防。围绕人本、生态、高效、和谐的发展理念，利用云计算、大数据、人工智能、5G 等技术手段，以实用、便民为原则，建立智慧安防系统，夯实城市公共安全。①对流动人口的管控。建立管控平台，对出租房屋和租户数量进行管理和统计，对进出社区的流动人员和车辆进行监控。②建立流动人口动态数据库，为公安工作提供预警分析，为政府各部门提供强有力的数据支持。形成城市安全防控综合框架。

（3）智慧交通。这是指在传统交通的基础上融入物联网、云计算、大数据、移动互联网、人工智能等新技术，实行人、车、路、环境等的有机结合，更加强调协同运作、个性化和智能化运作。坚持"互联网+交通"的理念，通过高新技术汇集交通信息，对交通管理、交通运输、公众出行等交通领域全方面以及交通建设管理全过程进行管控支撑，打造综合交通智慧化管理平台。①智能公交系统。智能公交系统通过 RFID、传感等技术，实时了解公交车的位置，实现弯道及路线提醒等功能。同时该系统能结合公交车的运行特点，通过智能调度系统，对线路、车辆规划进行调度，实现智能排班。利用先进的传感器、RFID 及摄像头等设备，采集车辆周围的环境和车辆自身信息，将数据传输至车载系统，实时监控车辆的运行状态，包括油耗、车速等。②智慧停车。包含线下、线上两方面的智慧。线上智慧化体现为车主用手机 App、微信、支付宝，获取指定地点的停车场、车位空余信息、收费标准、是否可预订、是否有充电和共享服务等，并实现预先支付、线上结账功能。线下智慧化体现为让停车人更好地停入车位。智慧停车可以实现车辆快速通行。③智慧出行。通过系统推送准确、实时的路况信息，使公众在出行前能够制订合理的出行计划，选择正确的出行方式、路线，确定出行时间，通过整合道路、公交、停车、慢行等交通出行信息为公众提供多元的出行信息服务，躲避常发拥堵点段和事故发生点，方便公众在出行过程中及时变更出行线路，避开交通拥堵路段，降低出行成本。

（4）智慧政务。"智慧政务"就是要实现上述职能的数字化、网络化、智能化、精细化、社会化。利用物联网、云计算、移动互联网、人工智能、数据挖掘、知识管理等技术，提高相关机构办公、监管、服务、决策的智能化水平，形成高效、敏捷、便民的新型政务系统。①政务线上服务。之前的政府网络系统孤立存在，数据资料无法共享，影响工作效率，浪费民众时间，同一件事情可能要跑很多趟才能处理完。政府服务线上系统旨在实现"最多跑一趟"，提高办事效率，节约民众时间，实现政府数据信息的共享。具体说来，可利用 AI 技术和政务大数据，打造"政务超脑"，面向企业和群众，实现办事搜索即搜即办、办事问题智能问答、办事资格自动预判和申请材料自动生成，进一步降低企业和群众办事的复杂度。②政务智能办公。将流程审批、工作委派、消息管理、工作安排、文件打印等政府日常工作集中到办公门户中，方便政府部门使用。构建政府内部协同办公系统，将跨层次、跨地区、跨部门的业务和数据资源以特定的方式、模式和标准汇集到一个统一的"政府中心"，实现多层次纵向连接、多层面横向连接从而实现办公室的在线协调和业务信息的及时共享，将以往通过线下会议协调和联系改为在线沟通，简化工作流程，提高政府管理效率。

（5）智慧社区。这是智慧城市概念之下的社区管理的一种新理念，是新形势下社会管理创新的一种新模式。充分利用物联网、云计算、移动互联网等新一代信息技术，为居民提供一个安全、舒适、便利的生活环境，从而形成基于信息化、智能化社会管理与服务的新型管理模式的社区。通过综合运用现代科学技术，整合区域人、地、物、情、事、组织和房屋等信息，统筹公共管理、公共服务和商业服务等资源，以智慧社区综合信息服务平台为支撑，依托适度领先的基础设施建设，实现社区治理和小区管理现代化，促进公共服务和便民利民服务智能化。具体说来，智慧社区围绕社区基本业务展开，工作内容包括政务、商务、服务、家务四个方面。①政务内容。通过社区线上议事鼓励居民参与社区事务讨论，形成智慧社区自治。②商务内容。以传统社区商务为基础，紧紧围绕社区居民生活，探索平台化集成创新模式，推动便民生活圈各业态联动发展，构建线上与线下深度融合、虚拟与实体互相补充的商业综合服务体系。集成线上线下商业资源，为居民提供更加优化的一站式服务，满足居民日常生活基本消费和品质消费。智慧社区商务常见的应用场景包括数字便民生活圈、智能快递柜、垃圾分类回收、共享场地、社区创客空间等。③服务内容。在社区建设 24 小时自助服务站，为社区居民提供政务和警务自助服务。除此之外，还有智慧物业、智慧医疗健康、智慧停车、智慧充电桩等。④家务内容。利用物联网、互联网、大数据、人工智能等技术，对以往的家务处理流程进行再造与优化，提高传统家务服务效率，促进邻里关系和谐，增强社区居民生活幸福感。智慧社区家务常见的应用场景包括邻里交往、智能家居、智慧节能、家政服务、居家养老等。

参考文献

埃亨，秦越，刘海龙，2015. 从安全防御到安全无忧：新城市世界可持续性和韧性 [J]. 国际城市规划，30（2）：4-7.

戴年念，左梦昕，张程程，2023. PPP 模式下城市老旧小区韧性提升改造研究 [J]. 智能建筑与智慧城市（7）：28-30.

邓社民，2022. 全周期管理与治理现代化 [M]. 北京：人民日报出版社.

段龙龙，陈有真，2013. 紧凑型生态城市：城市可持续发展的前沿理念 [J]. 现代城市研究（11）：72-78.

樊博，聂爽，2017. 应急管理中的"脆弱性"与"抗逆力"：从隐喻到功能实现 [J]. 公共管理学报，14（4）：129-140，159-160.

高恩新，2016. 防御性、脆弱性与韧性：城市安全管理的三重变奏 [J]. 中国行政管理（11）：105-110.

高军波，周春山，王义民，等，2011. 转型时期广州城市公共服务设施空间分析 [J]. 地理研究（3）：424-436.

关威，高菲，2021. 超大城市面临的安全风险及国内外城市系统韧性建设案例借鉴研究 [J]. 中国工程咨询（10）：51-56.

郭胜，张芮，2008. 新城镇紧凑布局理念初探 [J]. 兰州大学学报（社会科学版）（2）：127-133.

韩昊英，2015. 城市增长边界内涵与世界经验 [J]. 探索与争鸣（6）：25-28.

韩笋生，秦波，2009. 借鉴"紧凑城市"理念，实现我国城市的可持续发展 [J]. 国际城市规划（增刊）：263-268.

何艳玲，2022. 人民城市之路 [M]. 北京：人民出版社.

何艳玲，周寒，2021. 基础设施风险：城市风险的空间化 [J]. 学海（5）：64-71.

贺小林，2013. 建设韧性典范城市：上海实践与创新探索［M］. 上海：复旦大学出版社.

雷吉斯特，拉尔金，2005. 风险问题与危机管理［M］. 谢新洲，王宇，鲁秋莲，译. 北京：北京大学出版社.

李国庆，2021. 韧性城市的建设理念与实践路径［J］. 人民论坛（25）：86-89.

李晓壮，李升，2021. 流动人口的社区融合概念、维度及测量研究：以北上广深超大城市为实例［J］. 中共中央党校（国家行政学院）学报，25（6）：130-139.

李燕，母睿，朱春奎，2019. 政策沟通如何促进政策理解?：基于政策周期全过程视角的探索性研究［J］. 探索（3）：122-134.

李友梅，2015. 城市发展周期与特大型城市风险的系统治理［J］. 探索与争鸣（3）：19-20.

李友梅，2016. 我国特大城市基层社会治理创新分析［J］. 中共中央党校学报，20（2）：5-12.

林雪，张海波，2020. 城市系统的软实力：地方政府韧性能力概念框架的构建［J］. 行政论坛，27（5）：88-94.

刘洁，2017. 城市病防治：以中国超大城市为例［M］. 北京：科学文献出版社.

刘伟俊，杨丹，2022. 城市巨灾风险协同治理机制及其优化路径研究：基于 SFIC 模型的视角［J］. 城市发展研究，29（3）：12-16.

陆军，2020. 都市圈协同发展的理论逻辑与路径选择［J］. 人民论坛（27）：54-57.

芒福德，2005. 城市发展：起源、演变和前景［M］. 宋俊岭，倪文度，译. 北京：中国建筑工业出版社.

孟海星，贾倩，沈清基，等，2021. 韧性城市研究新进展：韧性城市大会的视角［J］. 现代城市研究（4）：80-86.

彭勃，2017. 从"抓亮点"到"补短板"：整体性城市治理的障碍与路径［J］. 社会科学（1）：3-10.

秦德如，2021. 公共城市的地平线：超大型城市治理的问题、特性与逻辑［M］. 上海：复旦大学出版社.

仇保兴，2021. 迈向韧性城市的十个步骤［J］. 中国名城，35（1）：

1-8.

仇保兴，姚永玲，刘治彦，等，2020. 构建面向未来的韧性城市 ［J］. 区域经济评论（6）：1-11.

仇保兴，2018. 基于复杂适应系统理论的韧性城市设计方法及原则 ［J］. 城市发展研究，25（10）：1-3.

仇保兴，2022. "韧性"：未来城市设计的要点 ［J］. 未来城市设计与运营（1）：7-14.

邵亦文，徐江，2015. 城市韧性：基于国际文献综述的概念解析 ［J］. 国际城市规划，30（2）：48-54.

沈霄，王国华，2018. 基于整体性政府视角的新加坡"智慧国"建设研究 ［J］. 情报杂志，37（11）：69-75.

苏杭，2021. 经济韧性问题研究进展 ［J］. 经济学动态，22（8）：144-151.

孙建平，尹小贝，李欢，等，2021. 超大城市风险治理 ［M］. 上海：上海人民出版社.

孙建平，2023. 超大城市韧性建设：关键基础设施安全运行的上海实践 ［M］. 上海：上海人民出版社.

孙志建，2022. 平台化运作的整体性政府：基于城市运行"一网统管"的个案研究 ［J］. 政治学研究（5）：39-48，152-153.

唐皇凤，2017. 我国城市治理精细化的困境与迷思 ［J］. 探索与争鸣（9）：92-99.

陶鹏，童星，2012. 灾害概念的再认识：兼论灾害社会科学研究流派及整合趋势 ［J］. 浙江大学学报（人文社会科学版），42（2）：108-120.

陶希东，2021. 全球超大城市社会治理模式与经验 ［M］. 上海：上海社会科学院出版社.

陶希东，2022. 韧性体系建设：全球大城市风险化趋势下的应对策略 ［J］. 南京社会科学（10）：46-53.

陶希东，2022. 韧性城市：内涵认知、国际经验与中国策略 ［J］. 人民论坛·学术前沿（Z1）：79-89.

陶希东，2023. 上海全面建设安全韧性城市：经验、问题与策略 ［J］. 科学发展（1）：66-74.

屠启宇，金芳，等，2007. 金字塔尖的城市：国际大都市发展报告

［M］．上海：上海人民出版社．

屠启宇，李建，2018．特大城市高质量发展模式：功能疏解视野下的研究［M］．上海：上海社会科学院出版社．

王鹭，肖文涛，2021．刚性管制—弹性管理—韧性治理：城市风险防控的逻辑转向及启示［J］．福建论坛（人文社会科学版）（5）：167-175．

王新生，刘纪远，庄大方，等，2005．中国特大城市空间形态变化的时空特征［J］．地理学报，60（3）：392-400．

文宗川，文竹，侯剑，2013．生态城市的发展机理［M］．北京：科学出版社．

巫细波，杨再高，2010．智慧城市理念与未来城市发展［J］．城市发展研究，17（11）：56-60，40．

吴结兵，林坤洋，2022．行动视角下的社区应急管理策略与韧性机制建设：以杭州市杨柳郡社区为例［J］．浙江工商大学学报（6）：100-107．

吴晓林，谢伊云，2018．基于城市公共安全的韧性社区研究［J］．天津社会科学（3）：87-92．

吴晓林，2020．城市社区如何变得更有韧性［J］．人民论坛（29）：19-21．

夏建中，2010．城市社会学［M］．北京：中国人民大学出版社．

肖文涛，王鹭，2020．韧性视角下现代城市整体性风险防控问题研究［J］．中国行政管理（2）：123-128．

徐江，邵亦文，2015．韧性城市：应对城市危机的新思路［J］．国际城市规划，30（2）：1-3．

徐淑华，陈建新，祁慧，2021．基层网格化应急治理：主要问题及改进路径［J］．中国安全科学学报，31（1）：8-17．

徐雪松，闫月，陈晓红，等，2023．智慧韧性城市建设框架体系及路径研究［J］．中国工程科学，25（1）：10-19．

许峰，陈其荣，2023．系统复杂性下城市社区韧性建设的现状、问题及策略研究［J］．云南社会科学（2）：161-168．

杨敏行，黄波，崔翀，等，2016．基于韧性城市理论的灾害防治研究回顾与展望［J］．城市规划学刊（1）：48-55．

姚士谋，李广宇，燕月，等，2012．我国特大城市协调性发展的创新模式探究［J］．人文地理（5）：48-53．

俞孔坚，李迪华，袁弘，等，2015."海绵城市"理论与实践［J］.城市规划，39（6）：26-36.

原珂，陈醉，王雨，2020.中国城市风险治理研究述评（1998—2018）：基于CSSCI期刊文献的可视化分析［J］.兰州学刊（12）：101-115.

张春敏，2021.数字化转型中韧性城市建设的制度基础、演化机制与现实路径［J］.贵州社会科学（7）：123-130.

张春颜，王思卿，2022.脆弱性视角下的社区分类及"圈层优化"策略［J］.学习论坛（4）：83-90.

张峰，2020.大城治理：基于精细化目标的特大城市智慧治理研究［M］.上海：上海人民出版社.

张海波，童星，2015.中国应急管理结构变化及其理论概化［J］.中国社会科学（3）：58-84，206.

张鸿雁，2023.城市社会学新论［M］.南京：南京大学出版社.

张力伟，高子涵，2022.人心与治理：如何通过提升社区温度塑造社区韧性？：基于D社区的个案研究［J］.社会政策研究（3）：94-110.

张明斗，冯晓青，2018.韧性城市的建设框架及推进策略研究［J］.广西城镇建设（12）：10-23.

张明斗，冯晓青，2018.中国城市韧性度综合评价［J］.城市问题（10）：27-36.

张明斗，2022.中国韧性城市建设研究［M］.北京：人民出版社.

张勤，宋青励，2021.韧性治理：新时代基层社区治理发展的新路径［J］.理论探讨（5）：152-160.

张勤，宋青励，2022.新时代基层社区治理高质量发展何以推进？：基于"赋权—聚能—归位"的路径探索［J］.行政论坛（4）：106-114.

张再生，孙雪松，2019.基层应急管理：现实绩效、制度困境与优化路径［J］.南京社会科学（10）：83-90.

赵春燕，王世平，2021.经济集聚对城市经济韧性的影响［J］.中南财经政法大学学报（1）：102-114.

周利敏，2015.西方灾害社会学新论［M］.北京：社会科学文献出版社.

周园，2021.高韧性社会：应对不确定危机的八种能力［M］.北京：中译出版社.

朱强，周斌，黄志华，等，2023.智慧城市：城市治理新路径［M］.

北京：人民邮电出版社.

朱正威，刘莹莹，杨洋，2021. 韧性治理：中国韧性城市建设的实践与探索［J］. 公共管理与政策评论，10（3）：22-31.

朱正威，刘莹莹，2020. 韧性治理：风险与应急管理的新路径［J］. 行政论坛，27（5）：81-87.

诸大建，孙辉，2021. 用人民城市理念引领上海社区更新微基建［J］. 党政论坛（2）：24-27.

诸大建，2017. 提升城市精细化管理水平需做好顶层设计［J］. 城乡建设（13）：23-24.

"十四五"全国城市基础设施建设规划［EB/OL］.（2022-07-29）［2024-08-08］. https：//www. gov. cn/zhengce/zhengceku/2022-07/31/5703690/files/d4ebd608827e41138701d06fe6133cdb.pdf.

2023年成都市国民经济和社会发展统计公报［EB/OL］.（2024-03-30）［2024-08-08］. https：//cdstats. chengdu. gov. cn/cdstjj/c154795/2024-03/30/content_68e47282894d4e47a77e59f5592808ab.shtml.

北京市"十四五"时期城市管理发展规划［EB/OL］.（2022-04-12）［2024-08-08］. https：//www. beijing. gov. cn/zhengce/zhengcefagui/202204/t20220412_2672524. html.

成都市"十四五"城乡社区发展治理规划（2022年）［EB/OL］.（2022-06-05）［2024-08-08］.https：//www.digitalelite.cn/h-nd-4299. html.

成都市"十四五"新经济发展规划［EB/OL］.（2022-01-11）［2024-08-08］.https：//www.sc.gov.cn/10462/12771/2022/1/11/93bf2bbf43df4e17a5bc5d6fe69df571. shtml.

成都市国民经济和社会发展第十四个五年规划和二〇三五年远景目标纲要［EB/OL］.（2021-03-29）［2024-08-08］.https：//cddrc.chengdu.gov.cn/cdfgw/ztlm039006/2021-05/08/content_81bc24a93ab44fd790ceedd68f3b6513. shtml.

成都市人民政府关于印发增强发展韧性稳住经济增长若干政策措施的通知［EB/OL］.（2022-6-21）［2024-08-08］.https：//cddrc.chengdu.gov.cn/cdfgw/csdzc003/2022-06/30/content_3581f5cb367a403e8ece01b1eb98386d. shtml.

成都市未来公园社区建设导则［EB/OL］.（2022-06-28）［2024-08-

08］. https：//cdzj. chengdu. gov. cn/cdzj/c131937/2022 – 07/01/content _ 34e071b68afd41e68262532473560c97. shtml.

成都市智慧城市建设行动方案（2020—2022）［EB/OL］.（2020–10– 23）［2024–08–08］.https：//www.sc.gov.cn/10462/10464/10465/10595/2020/ 10/23/38b197fbe4ff4cb18f3e2bd4abd5ec56. shtml.

成都市综合防灾减灾"十四五"规划［EB/OL］.（2022–01–05）［2024– 08 – 08］. https：//yjglj. chengdu. gov. cn/yjglj/cdyj17/2022 – 01/05/content _ 47321655c42d49d69170df1e2eca8eb5. shtml.

关于印发《〈成都市"十四五"应急体系建设规划（包含消防等事 业）〉目标任务推进实施方案》的通知［EB/OL］.（2022–10–17）［2024–08 – 08］. https：//yjglj. chengdu. gov. cn/yjglj/cdyj17/2022 – 10/17/content _ e9dd8ee560ae49e1a3728e497c807abc.shtml.

杭州市智慧城管"十四五"发展规划［EB/OL］.（2022–03–25）［2024– 08 – 08］. https：//cgw. hangzhou. gov. cn/art/2022/3/25/art _ 1229482818 _ 4026360. html.

上海市自然灾害防治委员会关于印发上海市综合防灾减灾规划（2022 –2035 年）的通知［EB/OL］.（2022–08–19）［2024–08–08］.https：//www. shanghai.gov.cn/gwk/search/content/dc9a67c8a8004eb3972e8bd79ddad78e.

AHERN J, 2011. From fail-safe to safe-to-fail：sustain-ability and resilience in the new urban world ［J］. Landscape and urban planning, 100 （4）：341– 343.

ALBERTI M, BOOTH D, HILL K, et al., 2007. The impact of urban pat-terns on aquatic ecosystems：an empirical analysis in Puget lowland sub-basins ［J］. Landscape and urban planning, 80 （4）：345–361.

附　录

附录一　名词解释

新型基础设施：指以新发展理念为引领，以技术创新为驱动，以信息网络为基础，面向高质量发展需要，提供数字转型、智能升级、融合创新等方面基础性、公共性服务的基础设施体系。新型基础设施包括信息基础设施、融合基础设施、创新基础设施三大类。其中，信息基础设施主要包括以 5G、物联网、工业互联网、卫星互联网为代表的通信网络基础设施，以人工智能、云计算、区块链等为代表的新技术基础设施，以数据中心、智能计算中心为代表的算力基础设施等；融合基础设施指深度应用互联网、大数据、人工智能等技术，支撑传统基础设施转型升级，进而形成的融合基础设施，比如，智能交通基础设施、智慧能源基础设施等；创新基础设施指支撑科学研究、技术开发、产品研制的具有公益属性的基础设施，比如，重大科技基础设施、科教基础设施、产业技术创新基础设施等。

5G：指第五代移动通信技术，是对现有无线接入技术（包括 2G、3G、4G 和 WiFi）的演进，以及一些新增的补充性无线接入技术集成后解决方案的总称。

6G：指第六代移动通信技术，数据传输速率可能达到 5G 的 50 倍，时延缩短到 5G 的十分之一，在峰值速率、时延、流量密度、连接数密度、移动性、频谱效率、定位能力等方面远优于 5G。

IPv6：互联网协议第 6 版，是互联网工程任务组（IETF）设计的用于替代 IPv4 的下一代 IP 协议，解决了网络地址资源数量的问题和多种接入设备连入互联网的障碍。

5G 双千兆：指以千兆光网和 5G 为代表的"双千兆"网络，能向单个用户提供固定和移动网络千兆接入能力，具有超大带宽、超低时延、先进可靠等特征，二者互补互促，是新型基础设施的重要组成和承载底座。

物联网：指以感知技术和网络通信技术为主要手段，实现人、机、物的泛在连接，提供信息感知、信息传输、信息处理等服务的基础设施。

窄带物联网（NB-IoT）：指物联网领域的一个新兴技术，支持低功耗设备在广域网的蜂窝数据连接，也被叫作低功耗广域网（LPWAN），可直接部署于 GSM 网络、UMTS 网络或 LTE 网络，以降低部署成本、实现平滑升级。

工业互联网：是新一代信息通信技术与工业经济深度融合的新型基础设施、应用模式和工业生态，通过对人、机、物、系统等的全面连接，构建起覆盖全产业链、全价值链的全新制造和服务体系，为工业乃至产业数字化、网络化、智能化发展提供了实现途径。

人工智能：指利用数字计算机或者数字计算机控制的机器模拟、延伸和扩展人的智能，感知环境、获取知识并使用知识获得最佳结果的理论、方法、技术及应用系统。

城市大脑：指在物联网、大数据、人工智能等前沿技术支持下的城市级类脑智能系统，通过解决城市运行中面临的复杂问题，满足城市各成员的不同需求，提高城市的运行效率和治理效能。

智慧园区：指通过云计算、物联网、大数据、人工智能、移动互联网等新一代信息技术和先进管理模式，以促进经济发展方式转变、提高经济增长质量效益为目标，以创新园区管理、服务产业发展为主线，整合园区内外资源和服务，实现数字化、智能化管理和服务的产业园区。

区块链：指通过去中心化和去信任的方式集体维护一个可靠数据库的技术方案。区块链是一个由不同节点共同参与的分布式数据库系统，是开放式的账簿系统（ledger），由一串按照密码学方法产生的数据块或数据包组成（即区块，block），对每一个区块数据信息都自动加盖时间戳，从而计算出一个数据加密数值。

城市信息模型（CIM）：指在城市基础地理信息上，通过建筑物、基础设施等三维数字模型，汇集、管理并表达城市各类运行数据的基础平台，可为城市规划、建设、管理、运行工作提供基础数据支撑，是智慧城市的基础性、关键性和实体性信息基础设施。

综合管廊：在城市地下建造一个隧道空间，将电力、通信、燃气、供热、给排水等各种工程管线集于一体，设有专门的检修口、吊装口和监测系统，实施统一规划、统一设计、统一建设和管理。

国家重大科技基础设施：指为提高原始创新能力，由国家统筹布局、依托高水平创新主体建设，面向社会开放共享的大型复杂的科学研究装置或系统。

产业功能区：指以产业发展为目标的空间聚集形式，集研发、生产、居住、消费、人文、生态等多种功能于一体的城市新型功能区。

社区发展治理：指在中国共产党的领导下，坚持以人民为中心的发展思想，坚持将发展与治理一体推进，以城乡社区为基本单元，统筹自治、法治、德治，通过体制机制创新，整合政府、市场、社会等各方资源力量，组织发动居民和其他各类主体广泛参与，建设人人有责、人人尽责、人人享有的社会治理共同体，协调推进高质量发展、高效能治理、高品质生活，实现城市共建共治共享的活动。

幸福美好公园社区：是人城境业高度和谐统一的公园城市新型功能单元，是空间融合、功能复合、要素聚合、价值和合、治理耦合的城乡社区发展治理共同体。

社区商业：指以周边社区人群、产业人群及旅居人群为主要服务对象，以满足人群基本生活消费为基础，融合公共服务、文化休闲、社区交往等多元功能的属地型商业。

社区科创空间：集研发设计、创新转化、场景营造、社区服务等功能于一体，既是产业基础能力和公共服务平台的主要承载区，也是未来产业生态功能和新市民生活空间的集中展示区。

社会企业：指经企业登记机关登记注册，以协助解决社会问题、改善社会治理、维护社区利益或者服务弱势和特殊群体为宗旨和首要目标，以创新商业模式、市场化运作为主要手段，所得盈利按照其社会目标再投入自身业务、所在社区或者公益事业，且社会目标持续稳定的特定企业。

社区社会企业：指由城镇社区居民委员会发起设立，以社区党组织为引领、居委会为主导、社区资源活化利用为路径、实现社区公共利益为导向、服务社区居民为目标，国有资本、社会资本参股的混合所有制新型社区经济组织。

社区社会组织：指由居民发起成立，在社区开展为民服务、公益慈善、邻里互助、文体娱乐和农村生产技术服务等活动的社会组织。

信托制物业服务模式：指以小区业主大会为委托人、物业企业为受托人、业主为受益人，将物业费、小区公共收益等设立为信托基金，归全体业主所有，由物业企业从中提取一定比例作为保障款，用于一线员工的补贴及小区维修基金，以此构成业主信任物业企业、物业企业忠诚于业主的新型信任体系。

15分钟社区生活服务圈：指城市居民15分钟步行或者农村居民15分钟骑行可达范围内，配备生活所需基本服务功能与公共活动空间的社区生活单元。

社区综合体：指集社区管理、便民服务、文化体育、医疗养老等多种公共服务与生活服务于一体的社区。"一站式"综合服务设施，是提升社区生活品质，满足人民群众对美好生活向往的重要载体。

TOD：是以公共交通为导向的发展模式，是实现公共交通使用最大化的一种居民区或者商业区的规划设计方式。

EPC+O 模式：指基础设施项目从设计、采购、施工到运营一体化的总承包模式，通过该种整合方式能有效提高项目的运营效率，降低全生命周期的成本。

城市安全发展：指弘扬生命至上、安全第一的思想的城市发展模式。该模式强调强化安全红线意识，推进安全发展，切实把发展作为城市现代文明的宗旨，落实完善城市运行管理及相关生产责任制，健全公共安全体系，打造共建共治共享的城市安全社会治理格局，促进建立以安全生产为基础的综合性、全方位、系统化的城市安全发展体系，全面提高城市安全保障水平，有效防范和坚决遏制重特大安全事故发生，为人民群众营造安居乐业、幸福安康的生产生活环境。

附录二 "十四五"全国城市基础设施建设规划

城市基础设施是保障城市正常运行和健康发展的物质基础，也是实现经济转型的重要支撑、改善民生的重要抓手、防范安全风险的重要保障。构建系统完备、高效实用、智能绿色、安全可靠的现代化基础设施体系，对更好地推进以人为核心的城镇化，畅通国内大循环、促进国内国际双循环，扩大内需，推动高质量发展具有重大意义，是确保"十四五"时期城市社会经济全面、协调、可持续发展开好局起好步的重要基础。

根据《中华人民共和国国民经济和社会发展第十四个五年规划和2035年远景目标纲要》有关要求，按照党中央、国务院决策部署，住房和城乡建设部、国家发展改革委会同相关部门编制了《"十四五"全国城市基础设施建设规划》（以下简称《规划》），规划范围为全国城市。《规划》提出了"十四五"时期城市基础设施建设的主要目标、重点任务、重大行动和保障措施，以指导各地城市基础设施健康有序发展。

一、发展环境

"十三五"期间，我国城市基础设施投入力度持续加大（见表B-1）。城市基础设施建设与改造工作稳步推进，设施能力与服务水平不断提高，城市综合承载能力逐渐增强，城市人居环境显著改善，人民生活品质不断提升。同时，城市基础设施领域发展不平衡、不充分问题仍然突出，体系化水平、设施运行效率和效益有待提高，安全韧性不足，这些问题已成为制约城市基础设施高质量发展的瓶颈。

表 B-1 "十三五"全国城市基础设施建设主要进展

类别	指标名称	2015 年	2020 年	增长幅度
道路交通	人均城市道路面积（平方米）	15.6	18.0	15.4%
	道路长度（万公里）	36.5	49.3	35.1%
	城市轨道交通运营里程（公里）	3 000	6 600	120.0%

类别	指标名称	2015 年	2020 年	增长幅度
供水排水	用水普及率（%）	98.1	99.0	0.9 个百分点
	城市污水处理率（%）	91.9	97.5	5.6 个百分点
	污水集中处理能力（亿立方米/日）	1.4	1.9	35.7%
燃气供热	城市燃气普及率（%）	95.3	97.9	2.6 个百分点
	城市集中供热面积（亿平方米）	67.2	98.8	47.0%
垃圾处理	生活垃圾无害化处理率（%）	94.1	99.7	5.6 个百分点
	生活垃圾焚烧处理能力占比（%）	38.0	58.9	20.9 个百分点
园林绿化	建成区绿地面积（万公顷）	190.8	239.8	25.7%
	建成区绿地率（%）	36.36	38.24	1.9 个百分点
	人均公园绿地面积（平方米/人）	13.35	14.78	10.7%
信息通信	固定宽带家庭普及率（%）	50	91	41 个百分点
	光纤用户占比（%）	34	93	59 个百分点
	4G 用户数（亿户）	3.8	12	215.8%

　　"十四五"时期，以建设高质量城市基础设施体系为目标，以整体优化、协同融合为导向，从以增量建设为主转向存量提质增效与增量结构调整并重，响应碳达峰、碳中和目标要求，统筹系统与局部、存量与增量、建设与管理、灰色与绿色、传统与新型城市基础设施协调发展，推进城市基础设施体系化建设；推动区域重大基础设施互联互通，促进城乡基础设施一体化发展；完善社区配套基础设施，打通城市建设管理"最后一公里"，保障居民享有完善的基础设施配套服务体系。

二、总体要求

（一）指导思想

　　以习近平新时代中国特色社会主义思想为指导，认真落实党中央、国务院决策部署，坚持以人民为中心的发展思想，坚持问题导向、目标导向，统筹发展和安全，系统谋划、整体协同，以解决人民群众最关心、最直接、最现实的利益问题为立足点，以高效、便利、智能、安全为导向，着力补短板、强弱项、提品质、增效益，调动全社会力量，构建系统完备、高效实用、智能绿色、安全可靠的现代化基础设施体系，实现经济效益、社会效益、生态效益、安全效益相统一，全面提高城市基础设施运行效率，完善城市基础设施全生命周期管理机制，持续推进城市基础设施高质量发展。

（二）工作原则

——绿色低碳，安全韧性。全面落实新发展理念，推动新时期城市基础设施的绿色低碳发展新模式、新路径，集中力量解决城市基础设施建设的薄弱环节，提高基础设施安全运行和抵抗风险的水平，加强重大风险预测预警能力，保障城市运行安全。

——民生优先，智能高效。坚持以人民为中心，系统谋划城市基础设施建设重点任务，因地制宜、因城施策，提升城市基础设施建设运营智能化管控水平，提高基础设施供给质量和运行效率，打造高品质生活空间，满足人民群众美好生活需要。

——科学统筹，补足短板。加强城市基础设施建设规划的统筹引领作用，科学确定目标指标，着力实现城市基础设施全领域系统推进和关键领域关键环节突破相结合，量力而行、尽力而为，加快推进设施建设补短板，不断增强城市承载能力。

——系统协调，开放共享。统筹做好城市基础设施建设系统协调工作，科学确定各类基础设施的规模和布局，针对不同城市资源禀赋，因地制宜推进城市基础设施建设，加强区域之间、城市群之间、城乡之间基础设施共建共享，提高设施使用效率。

（三）规划目标

"十四五"时期，城市基础设施发展坚持目标导向和问题导向相结合，对标 2035 年基本实现社会主义现代化的战略目标，围绕基础设施的体系化、品质化、绿色化、低碳化、智慧化发展，适度超前布局有利于引领产业发展和维护国家安全的基础设施，同时把握好超前建设的度，研究推出一批重大行动和改革举措，靠前安排、加快形成实物工作量，推动建设宜居、绿色、韧性、智慧、人文城市。

到 2025 年，城市建设方式和生产生活方式绿色转型成效显著，基础设施体系化水平、运行效率和防风险能力显著提升，超大特大城市"城市病"得到有效缓解，基础设施运行更加高效，大中城市基础设施质量明显提升，中小城市基础设施短板加快补齐。

到 2035 年，全面建成系统完备、高效实用、智能绿色、安全可靠的现代化城市基础设施体系，建设方式基本实现绿色转型，设施整体质量、运行效率和服务管理水平达到国际先进水平。

"十四五"城市基础设施主要发展指标如表 B-2 所示。

表 B-2 "十四五"城市基础设施主要发展指标

类别	序号	发展指标	2020 年现状	2025 年目标
综合类	1	城市基础设施建设投资占全社会固定资产投资比重（%）	6.65	≥8
	2	城市地下管网普查归档率（%）	—	100
	3	绿色社区建设比例（%）	—	≥60
交通系统	4	城市建成区路网密度（公里/平方公里）	7.07	≥8（见注③）
	5	轨道站点 800 米半径覆盖通勤比例（%）	超大城市 26 特大城市 17 大城市 8	超大城市≥30 特大城市≥20 大城市≥10
水系统	6	城市公共供水管网漏损率（%）	10	≤9
	7	城市生活污水集中收集率（%）	64.8	≥70
	8	缺水城市再生水利用率（%）	20 左右	地级及以上缺水城市≥25，京津冀地区≥35，黄河流域中下游≥30
	9	城市污泥无害化处置率（%）	地级及以上城市 90 左右	≥90，其中地级及以上城市≥95
能源系统	10	城市供热管网热损失率（%）	平均 20	较 2020 年降低 2.5 个百分点
	11	城镇管道燃气普及率（%）	75.7*	大城市及以上规模城市≥85 中等城市≥75 小城市≥60

类别	序号	发展指标	2020年现状	2025年目标
环卫系统	12	城市生活垃圾回收利用率（%）	—	≥35
	13	城市生活垃圾焚烧处理能力占比（%）	58.9	≥65（西部地区≥40）
	14	城市生活垃圾资源化利用率（%）	51.2*	≥60
	15	城市建筑垃圾综合利用率（%）	—	≥50
园林绿化系统	16	城市绿地率（%）	38.24	≥40
	17	城市万人拥有绿道长度（公里）	—	≥1.0
	18	城市公园绿化活动场地服务半径覆盖率（%）		≥85
信息通信系统	19	市政管网管线智能化监测管理率（%）	—	直辖市、省会城市和计划单列市≥30地级以上城市≥15
	20	5G用户普及率（%）	小于1*	≥56
	21	城市千兆光纤宽带用户占比（%）	0.16*	≥10

注：①城市规模划分标准依据《国务院关于调整城市规模划分标准的通知》（国发〔2014〕51号）。城区常住人口50万人以下的城市为小城市，城区常住人口50万人以上100万人以下的城市为中等城市，城区常住人口100万人以上500万人以下的城市为大城市，城区常住人口500万人以上1 000万人以下的城市为特大城市，城区常住人口1 000万人以上的城市为超大城市。

②根据《中共中央 国务院关于新时代推进西部大开发形成新格局的指导意见》，西部省（自治区、直辖市）包括：内蒙古、广西、重庆、四川、贵州、云南、西藏、陕西、甘肃、青海、宁夏和新疆。

③路网密度统计范围包括居住区内主要道路。

④带*的为2019年数据。

⑤上述指标2025年目标值均为预期性。

三、重点任务

（一）推进城市基础设施体系化建设，增强城市安全韧性能力

1. 统筹实施城市基础设施建设规划

系统编制涵盖城市交通、水、能源、环境卫生、园林绿化、信息通

信、广播电视等系统的城市基础设施建设规划，统筹布局、集约建设，有序引导项目实施，科学指导城市基础设施各子系统规划编制，健全规划衔接协调机制。科学制定城市基础设施近期建设计划，项目实施中，依法履行城乡规划建设相关程序，做好环境影响评价，合理有序安排各类城市基础设施建设项目，落实责任主体和资金安排。

2. 系统提升城市基础设施供给能力

从人民群众实际生活需求出发，针对城市基础设施存在的突出短板问题，系统提升城市基础设施供给能力和服务质量。完善城市交通基础设施，科学规划建设城市综合交通系统，加快发展快速干线交通、生活性集散交通、绿色慢行交通，实现顺畅衔接，提高居民出行效率和城市运转保障能力。持续提升供水安全保障能力、提高城镇管道燃气普及率、集中供热能力和服务面积。适度超前建设城市配电网，满足城市电力负荷增长需求。加快新一代信息通信基础设施建设。健全无障碍设施体系。完善城市物流配送体系。

3. 持续增强城市基础设施安全韧性能力

全面提升城市各类基础设施的防灾、减灾、抗灾、应急救灾能力和极端条件下城市重要基础设施快速恢复能力、关键部位综合防护能力。推进城市市政基础设施普查，摸清底数，找准短板。新城区结合组团式城市布局，推进分布式水、电、气、热等城市基础设施建设。健全地下基础设施统筹规划、建设和管理机制，逐步对老旧基础设施进行更新改造，及时排查和消除安全隐患。提升关键交通基础设施安全防护能力，强化设施养护和运行监测检测，提高城市交通设施耐久性和可靠性。因地制宜推进地下综合管廊系统建设，提高管线建设体系化水平和安全运行保障能力，在城市老旧管网改造等工作中协同推进综合管廊建设。鼓励使用新技术、新工艺、新材料，提高基础设施抗震能力。加强城市内涝治理，建设源头减排、管网排放、蓄排并举、超标应急的城市排水防涝工程体系，增强城市防洪排涝能力。推动城市储气调峰能力建设，完善天然气调峰、应急和安全保障机制。鼓励城市内热网联通、热源相互支持，保障供热安全。开展城市配电网升级改造，切实提高供应保障能力。对城市安全风险进行源头管控、过程监测、预报预警、应急处置和综合治理。

4. 全面提高城市基础设施运行效率

提升交通衔接便捷性和轨道覆盖通勤出行比例；提高城市道路网密

度，提高道路网整体运行效率；完善城镇老旧小区停车设施，改善道路交通动静态匹配关系。降低城市供水管网漏损，推进城市排水管网建设改造，巩固地级及以上城市黑臭水体治理成效，推进县级市黑臭水体治理。加快垃圾分类及处置设施建设。降低供热管网热损失率和单位建筑面积集中供热能耗，提升清洁取暖率。

5. 推进城市基础设施协同建设

落实"全生命周期管理"理念，构建城市基础设施规划、建设、运行维护、更新等各环节的统筹建设发展机制，促进提升城市的整体性、系统性、生长性。在统一规划的前提下，提升城市基础设施建设的协同性。整体安排地上地下设施建设，以轨道交通、城市道路为中心推进城市线性空间一体化发展。加强各类地下工程的统筹建设与有效衔接，科学实施地下空间分层管控。

（二）推动城市基础设施共建共享，促进形成区域与城乡协调发展新格局

1. 强化区域基础设施互联互通

以京津冀协同发展、长江经济带发展、粤港澳大湾区建设、长三角一体化发展、黄河流域生态保护和高质量发展等区域重大战略为引领，加快基础设施跨区域共建共享、协调互动，加强中心城市辐射带动周边地区协同发展。建立区域基础设施建设重大事项、重大项目共商机制。强化区域性突发事件的应急救援处置。

2. 推动城市群都市圈基础设施一体化发展

统筹规划建设区域交通、水、能源、环卫、园林、信息等重大基础设施布局，协同建设区域生态网络和绿道体系，促进基础设施互联互通、共建共享。支持超大、特大城市为中心的重点都市圈织密以城市轨道交通和市域（郊）铁路为骨干的轨道交通网络，促进中心城市与周边城市（镇）一体化发展。

3. 统筹城乡基础设施建设

构建覆盖城乡的基础设施体系以及生态网络体系，促进城乡基础设施的衔接配套建设，提高一体化监管能力。推动联接城市中心区、县城、镇之间公路完善升级，城市燃气管网延伸布局，农村电网基础设施升级，农宅清洁取暖改造，城乡垃圾集中处置等，鼓励有条件的地区推行城乡统筹区域供水。推进以县城为重要载体的城镇化建设，有条件的地区按照小城

市标准建设县城，加快县城基础设施补短板强弱项。

（三）完善城市生态基础设施体系，推动城市绿色低碳发展

1. 构建连续完整的城市生态基础设施体系

加强城市自然生境保护，提高自然生态系统健康活力，建设蓝绿交织、灰绿相融、连续完整的城市生态基础设施体系。采用自然解决方案，合理确定城市生态基础设施规模、结构和布局，提高蓝绿空间总量和生态廊道网络化水平，使城市内外的生态环境有机连接，形成与资源环境承载力相匹配的山水城理想空间格局。

2. 统筹推进城市水系统建设

统筹区域流域生态环境治理和城市建设，实施城市生态修复。统筹城市水资源利用和防灾减灾，积极推进海绵城市建设。统筹城市防洪和内涝治理，提高城市防洪排涝的整体性、系统性。提高城市水资源涵养、蓄积、净化能力。以水而定、量水而行，构建城市健康水循环。强化污水再生利用。依法划定河湖管理范围，统筹利用和保护。

3. 推进城市绿地系统建设

保护城市自然山水格局，合理布局绿心、绿楔、绿环、绿廊，多途径增加绿化空间。加强城市生物多样性保护，提升城市生态系统质量和稳定性。以园林城市创建为抓手，完善城市公园体系和绿道网络建设，合理设置多元化、人性化活动空间和防灾避险空间，为居民提供更安全、健康、友好的绿色生态产品。

4. 促进城市生产生活方式绿色转型

优先发展城市公共交通，完善非机动车道、人行道等慢行网络，不断提升绿色出行水平。深入开展节水型城市建设，提高城市用水效率。推进城市能源系统高效化、清洁化、低碳化发展，增强电网分布式清洁能源接纳和储存能力，以及对清洁供暖等新型终端用电的保障能力。积极发展绿色照明，加快城市照明节能改造，防治城市光污染。推行垃圾分类和减量化、资源化。

（四）加快新型城市基础设施建设，推进城市智慧化转型发展

1. 推动城市基础设施智能化建设与改造

加快推进城市交通、水、能源、环卫、园林绿化等系统传统基础设施数字化、网络化、智能化建设与改造，加强泛在感知、终端联网、智能调度体系构建。在有条件的地方推进城市基础设施智能化管理，逐步实现城

市基础设施建设数字化、监测感知网络化、运营管理智能化，对接城市运行管理服务平台，支撑城市运行"一网统管"。推动智慧城市基础设施与智能网联汽车协同发展。推进城市通信网、车联网、位置网、能源网等新型网络设施建设。

2. 构建信息通信网络基础设施系统

建设高速泛在、天地一体、集成互联、安全高效的信息基础设施，增强数据感知、传输、存储和运算能力，助力智慧城市建设。推进第五代移动通信技术（5G）网络设施规模化部署，推广升级千兆光纤网络设施。推进骨干网互联节点设施扩容建设。科学合理布局各类通信基础设施，促进其他类型基础设施与信息通信基础设施融合部署。推进面向城市应用、全面覆盖的通信、导航、遥感空间基础设施建设运行和共享。

四、重大行动

（一）城市交通设施体系化与绿色化提升行动。

1. 开展城市道路体系化人性化补短板

提升城市道路网密度。落实"窄马路、密路网"的城市道路规划布局理念，建设快速路、主干路和次干路、支路级配合理、适宜绿色出行的城市道路网络。加强次干路、支路、街巷路建设改造，完善城镇老旧小区道路，打通各类断头路和应急救援"生命通道"，提高道路网络密度和通达性。

精细化设计建设道路空间。提高公共交通、步行和非机动车等绿色交通路权比例，提升街道环境品质和公共空间氛围。对于适宜骑行城市，新建、改造道路红线内人行道和非机动车道空间所占比例不宜低于30%。

开展道路设施人性化建设与改造。规范设置道路交通安全设施和交通管理设施，提高出行安全性。合理设计道路断面，集约设置各类杆体、箱体、地下管线等设施，拆除或归并闲置、废弃的设施，妥善处理各类设施布置与慢行空间、道路绿化美化的关系，提高土地利用率和慢行空间舒适性，提升景观效果。推进现有道路无障碍设施改造，改善交通基础设施无障碍出行条件，提升无障碍出行水平。

2. 推进轨道交通与地面公交系统化建设

强化重点区域轨道交通建设与多网衔接。以京津冀、长三角、粤港澳大湾区等地区为重点，科学有序发展城际铁路，构建城市群轨道交通网络。统筹考虑重点都市圈轨道交通网络布局，构建以轨道交通为骨干的 1 小时通勤圈。统筹做好城市轨道交通与干线铁路、城际铁路、市域（郊）铁路等多种轨道交通制式及地面公交、城市慢行交通系统的衔接融合，探索都市圈中心城市轨道交通以合理制式适当向周边城市（镇）延伸。

分类推进城市轨道交通建设。优化超大、特大城市轨道交通功能层次，合理布局城市轨道交通快线，统筹建设市域（郊）铁路并做好设施互联互通，提高服务效率；支持中心城区网络适度加密，提高网络覆盖水平。I 型大城市应结合实际推进轨道交通主骨架网络建设，并研究利用中低运量轨道交通系统适度加强网络覆盖，尽快形成网络化运营效益；符合条件的 II 型大城市结合城市交通需求，因地制宜推动中低运量轨道交通系统规划建设。

加强轨道交通与城市功能协同布局建设。构建轨道交通引导的城市功能结构与空间发展开发模式，建立站点综合开发实施机制，实行站城一体化开发模式，不断提高轨道交通覆盖通勤出行比例。优化轨道交通线路走向和站点设置，提高与沿线用地储备和开发潜力的匹配性，加强与城市景观、空间环境的有机协调。合理确定轨道交通建设时序，实现轨道交通建设与旧城更新、新区建设和城市品质提升相协调。

提升轨道交通换乘衔接效率。提高轨道交通与机场、高铁站等重大交通枢纽的衔接服务能力，推动优化铁路、民航、城市轨道交通等交通运输方式间安检流程。依托城市轨道交通建设线路优化调整地面公交网络，推动一体化公共交通体系建设。完善轨道站点周边支路网系统和周边建筑连廊、地下通道等配套接驳设施，引导绿色出行。

全面提升地面公交服务品质。结合城市实际构建多样化地面公交服务体系。加快推进通勤主导方向上的公共交通服务供给。加快推进城市公交枢纽、首末站等基础设施建设。优化调整城市公交线网和站点布局，提高公交服务效率。加大公交专用道建设力度，优先在城市中心城区及交通密集区域形成连续、成网的公交专用道。积极推行公交信号优先，全面推进公交智能化系统建设。优化地面公交站点设置，提高港湾式公交停靠站设置比例。

3. 提升绿色交通出行品质

推进人行道净化行动。完善人行道网络，拓宽过窄人行道，清理占道行为，科学设置人行过街设施和立体步行系统，确保人行道连续畅通。及时排查和消除人行道设施破损、路面坑洼、井盖缺失沉陷等安全隐患，确保人行道通行安全。加强城市道路沿线照明和沿路绿化，建设林荫路，形成舒适的人行道通行环境。

统筹建设非机动车专用道。全面开展非机动车专用道专项规划和建设，结合城市道路建设和改造计划，成片、成网统筹建设非机动车专用道。保障非机动车专用道有效通行宽度。完善非机动车专用道的标识、监控系统，限制机动车进入非机动车专用道，保障人力自行车、电动自行车等非机动车路权。

4. 强化停车设施建设改造

完善城市停车供给体系。根据城市发展需要，区分基本停车需求和出行停车需求，按照"有效保障基本停车需求，合理满足出行停车需求"的原则，采用差别化的停车供给策略，统筹布局城市停车设施，优化停车供给结构，因地制宜制定修订城市建筑物停车泊位配建标准，组织编制停车设施专项规划，推动停车设施合理布局，构建以配建停车设施为主体、路外公共停车设施为辅助、路内停车为补充的城市停车系统。

开展非机动车停车设施补短板。老旧城区在城市更新中应合理保障停车设施用地空间。推动适宜骑行城市新建居住区和公共建筑配建非机动车停车场，并以地面停车为主。鼓励发展非机动车驻车换乘，轨道交通车站、公共交通换乘枢纽应设置非机动车停车设施。强化非机动车停放管理，建设非机动车停车棚、停放架等设施。

增加城镇老旧小区停车泊位供给。结合城镇老旧小区改造规划、计划等，制订停车设施改善专项行动方案，通过扩建新建停车设施和内部挖潜增效、规范管理等手段，有效增加停车设施规模，提升泊位使用效率，逐步提升城市居住区停车泊位与小汽车拥有量的比例。鼓励建设停车楼、地下停车场、机械式立体停车库等集约化的停车设施。具备条件的居住区，建设电动自行车集中停放和充电场所，并做好消防安全管理。

加强停车场配套设施建设。新建停车位充分预留充电设施建设安装条件，针对停车位不足、增容困难的老旧居民区，鼓励在社区建设公共停车区充电桩。

专栏 1：城市交通设施体系化与绿色化提升工程

（1）城市轨道交通扩容与增效。根据城市规模分类推进城市轨道交通建设，新增城市轨道交通建成通车里程 0.3 万公里。

（2）城市道路和桥梁建设改造。以增加有效供给、优化级配结构为重点，新建

和改造道路里程 11.75 万公里，新增和改造城市桥梁 1.45 万座。

（3）人行道净化和非机动车专用道建设。新增实施人行道净化道路里程 4.8 万公里，建设非机动车专用道 0.59 万公里。

注：本《规划》各项重大行动专栏中提出的"十四五"期间拟开展完成的相关工程量，均为参照"十三五"期间完成的工程量情况，预计测算出"十四五"期间可能完成的工程量情况。"十四五"期间，城市基础设施建设工程量情况由各地结合本地实际，提出具体的工程建设内容、工程量规模和投资估算情况。

（二）城市水系统体系化建设行动

1. 因地制宜积极推进海绵城市建设

城市新区坚持目标导向，因地制宜合理选用"渗、滞、蓄、净、用、排"等措施，把海绵城市建设理念落实到城市规划建设管理全过程。老旧城区结合城市更新、城市河湖生态治理、城镇老旧小区改造、地下基础设施改造建设、城市防洪排涝设施建设等，以城区内涝积水治理、黑臭水体治理、雨水收集利用等为突破口，推进区域整体治理。

2. 加强城市供水安全保障

推进全流程供水设施升级改造。加快对水厂、管网和加压调蓄设施的更新改造，保障用户龙头水水质安全。有条件的地区要设置水量、水质、水压等指标在线监测，加强供水安全风险管理。

强化城市节水工作。实施国家节水行动，推进节水型城市建设。实施供水管网漏损治理工程，推进老旧管网改造，开展供水管网分区计量管理，控制管网漏损。推进节水型单位、企业和小区建设，推动建筑节水，推广普及节水器具。加快推动城市生活污水资源化利用，鼓励将再生水优先用于生态补水、工业生产、市政杂用等方面，强化再生水的多元利用、梯级利用和安全利用，促进再生水成为缺水城市的"第二水源"。

提高城市应急供水救援能力建设。构建城市多水源供水格局，加强供水应急能力建设，提高水源突发污染和其他灾害发生时城市供水系统的应对水平。加强国家供水应急救援基地设施运行维护资金保障，提高城市供水应急救援能力。

3. 实施城市内涝系统治理

用统筹的方式、系统的方法提升城市内涝防治水平，基本形成符合要求的城市排水防涝工程体系。实施雨水源头减排工程，落实海绵城市建设理念，因地制宜使用透水铺装，增加下沉式绿地、植草沟、人工湿地等软性透水地面，提高硬化地面中可渗透面积比例，源头削减雨水径流。实施排水管网工程，新建排水管网原则上应尽可能达到国家建设标准的上限要求，改造易造成积水内涝问题排水管网，修复破损和功能失效的排水防涝设施。实施排涝通道工程，开展城市建成区河道、排洪沟等整治工程，以及"卡脖子"排涝通道治理工程，提高行洪排涝能力，确保与城市排水管网系统排水能力相匹配。实施雨水调蓄工程，严查违法违规占用河湖、水库、山塘、蓄滞洪空间和排涝通道等的建筑物、构筑物，加快恢复并增加城市水空间，扩展城市及周边自然调蓄空间，保证足够的调蓄容积和功能。因地制宜、集散结合建设雨水调蓄设施，发挥削峰错峰作用。

完善应急管理体系。完善城市防洪与内涝防范相关应急预案，明确预警等级内涵与处置措施，加强排水应急队伍建设和物资储备，提升城市应急处置能力。加快推进城市防洪、排水防涝信息化建设，建立健全城区水系、排水管网与周边江河湖海、水库等"联排联调"运行管理模式，提升城市防洪预报、预警、预演、预案能力。

4. 推进城市污水处理提质增效

推进城镇污水管网全覆盖。加快老旧城区、城中村和城乡结合部的生活污水收集处理设施建设，消除空白区。城市污水处理厂进水生化需氧量（BOD）浓度低于100mg/L的，围绕服务片区管网开展"一厂一策"系统化整治，实施清污分流，避免河水、山泉水等混入管网，全面提升现有污水收集处理设施效能。因地制宜采取溢流口改造、截流井改造、破损修补、管材更换、增设调蓄设施、雨污分流改造、快速净化等措施，降低合流制溢流污染。优先采用优质管材，推行混凝土现浇或成品检查井，提升管网建设质量。

推动污水处理能力提升。按照因地制宜、查漏补缺、有序建设、适度超前的原则，统筹考虑城市人口容量、分布和迁徙趋势，坚持集中与分散相结合，科学确定城镇污水处理厂的布局、规模及服务范围。京津冀、粤港澳大湾区、黄河干流沿线城市和长江经济带城市和县城实现生活污水集中处理设施能力全覆盖。缺水地区、水环境敏感区域，要根据水资源禀赋、水环境保护目标和技术经济条件，开展污水处理厂提升改造，积极推动污水资源化利用，选择缺水城市开展污水资源化利用试点示范。

提升污泥无害化处置和资源化利用水平。限制未经脱水处理达标的污泥在垃圾填埋场填埋。鼓励采用厌氧消化、好氧发酵等方式处理污泥，经无害化处理满足相关标准后，用于土地改良、荒地造林、苗木抚育、园林绿化和农业利用。在土地资源紧缺的大中型城市鼓励采用"生物质利用+焚烧"处置模式，将垃圾焚烧发电厂、燃煤电厂、水泥窑等协同处置方式作为污泥处置的补充，推广将生活污泥焚烧灰渣作为建材原料加以利用。

专栏 2：城市水系统体系化建设工程

（1）城市供水安全保障。预计新建改造供水厂规模 0.65 亿立方米/日，预计新建改造供水管网 10.4 万公里，对不符合技术、卫生和安全防范要求的加压调蓄设施进行改造。

（2）城市供水管网漏损治理。开展管网智能化改造、老旧管网更新改造、管网分区计量和供水压力优化调控，进一步降低管网漏损。

（3）城市排水防涝。实施河湖水系和生态空间治理与修复、管网和泵站建设与改造、排涝通道建设、雨水源头减排、防洪提升等工程。

（4）污水处理提质增效。预计新建改造污水管网 8 万公里，预计新、改、扩建污水处理设施能力 2 000 万立方米/日。

（5）开展国家海绵城市建设示范。选取 50 个左右城市开展示范，力争通过 3 年集中建设，示范城市防洪排涝能力明显提升，生态环境显著改善，海绵城市理念得到全面、有效落实。

（三）城市能源系统安全保障和绿色化提升行动

1. 开展城市韧性电网和智慧电网建设

结合城市更新、新能源汽车充电设施建设，开展城市配电网扩容和升级改造，推进城市电力电缆通道建设和具备条件地区架空线入地，实现设备状态环境全面监控、故障主动研判自愈，提高电网韧性。建设以城市为单元的应急备用和调峰电源。推进分布式可再生能源和建筑一体化利用，有序推进主动配电网、微电网、交直流混合电网应用，提高分布式电源与配电网协调能力。因地制宜推动城市分布式光伏发展。发展能源互联网，深度融合先进能源技术、信息通信技术和控制技术，支撑能源电力清洁低碳转型、能源综合利用效率优化和多元主体灵活便捷接入。

2. 增强城镇燃气安全供应保障能力

结合城市更新等工作，加快推进城镇燃气管网等设施建设改造与服务延伸，提升城镇管道燃气普及率。因地制宜拓展天然气在发电调峰、工业锅炉窑炉、清洁取暖、分布式能源和交通运输等领域的应用。在有条件的城市群，提高燃气设施的区域一体化和管网互联互通程度。强化城镇燃气安全监管，加快用户端本质安全设施推广，开展城镇燃气特许经营实施评估与检查工作，整治瓶装液化石油气行业违法经营等行为，规范液化石油气市场环境，加强燃气管网第三方破坏等安全风险整治和消除用户使用环节安全隐患，落实餐饮等行业生产经营单位使用燃气应安装可燃气体报警装置并保障其正常使用的要求。

3. 开展城市集中供热系统清洁化建设和改造

加强清洁热源和配套供热管网建设和改造，发展新能源、可再生能源等低碳能源。大力发展热电联产，因地制宜推进工业余热、天然气、电力和可再生能源供暖，实施小散燃煤热源替代，推进燃煤热源清洁化改造，支撑城镇供热低碳转型。积极推进实现北方地区冬季清洁取暖规划目标，开展清洁取暖绩效评价，加强城市清洁取暖试点经验推广。支持城市实施热网连通工程，开展多热源联供试点建设，提升城市供热系统安全水平。

4. 开展城市照明盲点暗区整治和节能改造

开展城市照明"有路无灯、有灯不亮"专项整治，消除城市照明的盲点暗区，照明照（亮）度、均匀度不达标的城市道路或公共场所增设或更换路灯。持续开展城市照明节能改造，针对能耗高、眩光严重、无控光措施的路灯，通过 LED 等绿色节能光源替换、加装单灯控制器，实现精细化按需照明。重点针对居住区、学校、医院和办公区开展光污染专项整治。风光资源丰富的城市，因地制宜采用太阳能路灯、风光互补路灯，推广清洁能源在城市照明中的应用。

专栏3：城市能源系统安全保障和绿色化提升工程

（1）城市燃气输配设施建设与改造。新建和改造燃气管网24.7万公里，推进天然门站和加气站等输配设施建设，完善城市燃气供应系统。按照国家有关工作部署要求，遵循省级人民政府统筹原则，推进地方各级人民政府和城镇燃气企业储气能力建设。

（2）城市清洁供热系统建设与改造。开展清洁热源建设和改造，新建清洁热源和实施集中热源清洁化改造共计14.2万兆瓦。结合城市建设和城市更新，新建和改造集中供热管网9.4万公里，推进市政一次网、二次网和热力站改造。

（3）城市韧性电网和智慧电网建设。开展城市配电网扩容和升级，重点城市中心城区供电可靠率高于99.99%。

（4）城市照明提升改善。结合新建和改扩建道路，开展照明盲点暗区整治；实施城市照明节能改造。结合城市实际和需求，适当提升城市重要片区夜景照明品质。

（四）城市环境卫生提升行动

1. 建立生活垃圾分类管理系统

建立分类投放、分类收集、分类运输、分类处理的生活垃圾管理系统。坚持源头减量，推动形成绿色发展方式和生活方式。因地制宜设置简便易行的生活垃圾分类投放装置，合理布局居住区、商业和办公场所的生活垃圾分类收集容器、箱房、桶站等设施设备。推动开展定时定点分类投放生活垃圾，逐步提升生活垃圾分类质量；确保有害垃圾单独投放，提高废玻璃等低值可回收物收集比例，实现厨余垃圾、其他垃圾有效分开。完善城市生活垃圾分类收集运输体系，建立健全与生活垃圾分类收集相衔接的运输网络，加强与物业单位、生活垃圾清运单位之间的有序衔接，防止生活垃圾"先分后混、混装混运"。按适度超前原则加快推进生活垃圾焚烧处理设施建设，科学有序推进适应中小城市垃圾焚烧处理的技术和设施，统筹规划建设应急填埋处理设施，加快补齐厨余垃圾和有害垃圾处理设施短板。鼓励生活垃圾处理产业园区建设，优化技术工艺，统筹不同类别生活垃圾处理和资源化利用。

2. 完善城市生活垃圾资源回收利用体系

统筹推进生活垃圾分类网点与废旧物资回收网点"两网融合"，推动回收利用行业转型升级，针对不同类别，合理布局、规范建设回收网络体系，推动废玻璃等低值可回收物的回收和再生利用。加快探索适合我国厨余垃圾特性的处理技术路线，积极探索厨余垃圾与园林绿化垃圾协同处理技术，鼓励各地因地制宜选用厨余垃圾处理工艺，着力解决好堆肥工艺中沼液、沼渣等产品在农业、林业生产中应用的"梗阻"问题。加快生物质能源回收利用工作，提高用于生活垃圾焚烧发电和填埋气体发电的利用规模。"十四五"期末，地级及以上城市基本建立因地制宜的生活垃圾分类投放、分类收集、分类运输、分类处理系统，居民普遍形成生活垃圾分类习惯。

3. 建立健全建筑垃圾治理和综合利用体系

建立建筑垃圾分类全过程管理制度，加强建筑垃圾产生、转运、调配、消纳处置以及资源化利用全过程管理，实现工程渣土（弃土）、工程泥浆、工程垃圾、拆除垃圾、装修垃圾等不同类别的建筑垃圾分类收集、分类运输、分类处理与资源化利用。加强建筑垃圾源头管控，落实减量化主体责任。加快建筑垃圾处理设施建设，把建筑垃圾处理与资源化利用设施作为城市基础设施建设的重要组成部分，合理确定建筑垃圾转运调配、填埋处理、资源化利用设施布局和规模。健全建筑垃圾再生建材产品应用体系，不断提升再生建材产品质量，促进再生建材行业生产和应用技术进步。培育一批建筑垃圾资源化利用骨干企业，提升建筑垃圾资源化利用水平。"十四五"期末，地级及以上城市初步建立全过程管理的建筑垃圾综合治理体系，基本形成建筑垃圾减量化、无害化、资源化利用和产业发展体系。

专栏4：城市环境卫生提升工程

（1）城市生活垃圾分类处理体系建设。"十四五"期间，全国城市新增生活垃圾分类收运能力20万吨/日、生活垃圾焚烧处理能力20万吨/日、生活垃圾资源化处理能力3 000万吨/年，改造存量生活垃圾处理设施500个。

（2）城市建筑垃圾治理体系建设。"十四五"期间，全国城市新增建筑垃圾消纳能力4亿吨/年，建筑垃圾资源化利用能力2.5亿吨/年。

（五）城市园林绿化提升行动。

1. 完善城市绿地系统

建设城市与自然和谐共生的绿色空间格局。完善城市结构性绿地布局，形成连续完整的网络系统和安全屏障，控制城市无序蔓延，优化城市形态结构，让城市融入自然。

完善城市公园体系。丰富城市公园类型，形成以郊野公园、综合公园、专类公园、社区公园、街头游园为主，大中小级配合理、特色鲜明、分布均衡的城市公园体系，提高城市公园绿化活动场地服务半径覆盖率，推动实现"300米见绿、500米见园"。不断完善城市公园服务功能，满足城市居民休闲游憩、健身、安全等多功能综合需求，提升城市宜居品质。

2. 增强城市绿化碳汇能力

持续推进城市生态修复，科学复绿、补绿、增绿，修复城市受损山体、水体和废弃地，使城市适宜绿化的地方都绿起来。推进近自然绿地建设，恢复植被群落，重建自然生态。加强科技创新，提高建筑物立体绿化水平，建设生态屋顶、立体花园、绿化墙体等，减少建筑能耗，提高城市绿化覆盖率，改善城市小气候。

加强城市生物多样性保护。持续推进城市生物物种资源普查，推进城市生物资源库建设，加强野生动植物迁地保护，实施生物栖息地生境修复，完善城市生物栖息地网络体系。加强乡土植物种植资源保育繁殖基地（苗圃）建设，提高乡土植物苗木自给率，降低外来入侵物种传播风险。

促进城市蓝绿空间融合。保护城市天然水系和现有绿地生态系统，加强滨水空间绿化，扩展城市周边河湖水系、湿地等自然调蓄空间，形成功能复合、管理协同的城市公共空间，提高城市安全韧性。

倡导节约型低碳型园林绿化。保护现有绿地和树木，推广生态绿化方式，提高乡土树种应用比例，适地适树，营造以乔木为骨干，乔灌草合理搭配的复层植物群落，提升绿地固碳效益。园林绿化建设和管理养护过程中要控制碳排放、降低能源损耗，探索低成本养护技术，调整碳平衡。加强技术创新，推广节水型绿化技术，做到资源循环使用、高效利用。

3. 优化以人民为中心的绿色共享空间

建设友好型公园绿地系统。合理设置多元化、人性化活动空间，完善公园绿地服务设施，加强无障碍设计，突出健身康体、休闲娱乐、科普教育、防灾避险等功能，满足全年龄段城市居民安全使用。创新公园治理模式，加强专业化、精细化管理，实现精准高效服务。

推进社区公园建设。结合十五分钟生活圈建设，以"微更新"方式，有效利用城市中的零碎空地、边角空间等见缝插绿、拆违建绿、留白增绿，因地制宜建设各类社区公园、街头游园、小微绿地、口袋公园，促进邻里交往，增强社区凝聚力。鼓励在距离居住人群较近、健身设施供需矛盾突出的地区，布局建设体育公园。

贯通城乡绿道网络。建设连通区域、城市、社区的城乡绿道体系，串联公园绿地、山体、江海、河湖水系、文化遗产和其他城市公共空间，促进文化保护、乡村旅游和运动健身。结合城市更新和功能完善，提高中心城区、老旧城区的绿道服务半径覆盖率，完善绿道服务设施，合理配备户外健身场地与设施，完善标识系统，根据需求设置服务驿站，提升绿道服务居民能力。

塑造城市园林绿化特色。突出园林绿化文化内涵，发挥公园文化宣传、科普教育平台作用，开展公园自然课堂、公园文化节等活动，引导社区居民绿色健康生活。持续办好高质量园林博览会，充分利用新理念、新方式、新技术，鼓励通过生态修复、城市更新等方式建设园博园，注重展后可持续利用。传承弘扬中国园林文化。

（1）城市公园体系完善与品质提升。分级分类健全公园体系，完善公园服务设施，提升公园绿地品质。"十四五"期间，预计全国新增和改造城市公园绿地面积约10万公顷，逐步形成覆盖面广、类型多样、特色鲜明、普惠性强的公园体系。

（2）城乡绿道网络贯通。分级分类建设区域、城市、社区等不同级别，城市型、郊野型等不同类型的城乡绿道。"十四五"期间，预计全国新增和改造绿道长度约2万公里。

（3）建设一批具有示范效应的国家生态园林城市。

（六）城市基础设施智能化建设行动

1. 开展智能化城市基础设施建设和更新改造

开展传统城市基础设施智能化建设和改造。加快推进基于数字化、网络化、智能化的新型城市基础设施建设和改造。因地制宜有序推动建立全面感知、可靠传输、智能处理、精准决策的城市基础设施智能化管理与监管体系。加强智慧水务、园林绿化、燃气热力等专业领域管理监测、养护系统、公众服务系统研发和应用示范，推进各行业规划、设计、施工、管养全生命过程的智慧支撑技术体系建设。推动供电服务向"供电+能效服务"延伸拓展，积极拓展综合能源服务、大数据运营等新业务领域，探索能源互联网新业态、新模式。推动智慧地下管线综合运营维护信息化升级，逐步实现地下管线各项运维参数信息的采集、实时监测、自动预警和智能处置。推进城市应急广播体系建设，构建新型城市基础设施智能化建设标准体系。

建设智慧道路交通基础设施系统。分类别、分功能、分阶段、分区域推进泛在先进的智慧道路基础设施建设。加快推进道路交通设施、视频监测设施、环卫设施、照明设施等面向车城协同的路内基础设施数字化、智能化建设和改造，实现道路交通设施的智能互联、数字化采集、管理与应用。建设完善智能停车设施。加强新能源汽车充换电、加气、加氢等设施建设，加快形成快充为主的城市新能源汽车公共充电网络。开展新能源汽车充换电基础设施信息服务，完善充换电、加气、加氢基础设施信息互联互通网络。重点推进城市公交枢纽、公共停车场充电设施设备的规划与建设。

开展智慧多功能灯杆系统建设。依托城市道路照明系统，推进可综合承载多种设备和传感器的城市感知底座建设。促进杆塔资源的共建共享，采用"多杆合一、多牌合一、多管合一、多井合一、多箱合一"的技术手段，对城市道路空间内各类系统的场外设施进行系统性整合，并预留扩展空间和接口。同步加强智慧多功能灯杆信息管理。

2. 推进新一代信息通信基础设施建设

稳步推进 5G 网络建设。加强 5G 网络规划布局，做好 5G 基础设施与市政等基础设施规划衔接，推动建筑物配套建设移动通信、应急通信设施或预留建设空间，加快开放共享电力、交通、市政等基础设施和社会站址资源，支持 5G 建设。采用高中低频混合组网、宏微结合、室内外协同的方式，加快推进城区连续覆盖，加强商务楼宇、交通枢纽、地下空间等重点地区室内深度覆盖。结合行业应用，做好产业园区、高速公路和高铁沿线等应用场景 5G 网络覆盖。构建移动物联网网络体系，实现交通路网、城市管网、工业园区、现代农业示范区等场景移动物联网深度覆盖。统筹推进城市泛在感知基础设施建设，打造支持固移融合、宽窄结合的物联接入能力，提升城市智能感知水平。

加快建设"千兆城市"。严格落实新建住宅、商务楼宇及公共建筑配套建设光纤等通信设施的标准要求，促进城市光纤网络全覆盖。加速光纤网络扩容提速，积极推进光纤接入技术演进，建设高速信息通信网络，全面开展家庭千兆接入和企业万兆接入升级改造，推动实现光纤到桌面、光纤进车间。持续扩展骨干网络承载能力，积极推广部署软件定义、分段路由等技术，加快提升端到端差异化承载和快速服务提供能力。

加快建设智慧广电网络。发展智慧广电网络，打造融媒体中心，建设新型媒体融合传播网、基础资源战略网、应急广播网等。加速有线电视网络改造升级，推动有线网络全程全网和互联互通。建立 5G 广播电视网络，实现广播电视人人通、终端通、移动通。实现广电网络超高清、云化、互联网协议化、智能化发展。加大社区和家庭信息基础设施建设投入力度，社区、住宅实现广播电视光纤入户，强化广播电视服务覆盖。推进应急广播体系建设。

3. 开展车城协同综合场景示范应用

推进面向车城协同的道路交通等智能感知设施系统建设，构建基于 5G 的车城协同应用场景和产业生态，开展特定区域以"车城协同"为核心的自动驾驶通勤出行、智能物流配送、智能环卫等场景的测试运行及示范应用，验证车—城环境交互感知准确率、智能基础设施定位精度、决策控制合理性、系统容错与故障处理能力、智能基础设施服务能力、"人—车—城（路）—云"系统协同性等。开展基于无人驾驶汽车的无人物流、移动零售、移动办公等新型服务业，满足多样化智能交通运输需求。推动有条件的地区开展城市级智能网联汽车大规模、综合性应用试点，探索重点区域"全息路网"，不断提升城市交通智能化管理水平和居民出行服务体验。建立完善智慧城市基础设施与智能网联汽车技术标准体系。

4. 加快推进智慧社区建设

深化新一代信息技术在社区建设管理中的应用，实现社区智能化管理。提供线上线下融合的社区生活服务、社区治理及公共服务、智能小区等服务。充分利用现有基础建设市级或区级智慧社区基础管理平台，对物业、环境、生活服务和政务服务等相关数据进行有效采集，为智慧社区建设提供数据基础和应用支撑。实施社区公共设施和基础设施数字化、网络化、智能化改造和管理，满足节能减排、智慧供给等高品质要求。推动"互联网+政务服务"向社区延伸，打通服务群众的"最后一公里"。鼓励社区建设智能停车、智能快递柜、智能充电桩、智能灯杆、智能垃圾箱、智慧安防等配套设施，提升智能化服务水平。开展广播电视服务与智慧社区的融合场景创新应用，推进应急通信保障服务向社区延伸。

专栏6：城市基础设施智能化建设工程

（1）智能化城市基础设施建设改造。预计建设智能化道路4 000公里以上，建设智慧多功能灯杆13万基以上，建设新能源汽车充换电站600座以上，累计建成公共充电设施150万个。

（2）新一代信息通信基础设施体系建设。加快5G网络规模化部署，实现全国县级及以上城市城区5G网络连续覆盖，工业园区、交通枢纽等重点应用场景深度覆盖，基本完成全国县级及以上城市城区千兆光纤网络升级改造。加快广电网络转型升级，基本完成县级及以上城市有线电视网络数字化转型和光纤化、互联网协议化改造，开展城市应急广播体系建设。

（3）开展以车城协同为核心的综合场景应用示范工程建设。支持自动驾驶综合场景示范区建设，构建支持自动驾驶的车城协同环境，在物流、环卫等领域探索使用智能汽车替代传统车辆进行作业，探索智能网联汽车与智慧交通、智慧城市系统的深度融合路径。支持国家级车联网先导区建设，逐步扩大示范区域，形成可复制、可推广的模式。

（七）城市居住区市政配套基础设施补短板行动。

1. 实施居住区水电气热信路等设施更新改造

实施居住区、历史文化街区等排水防涝设施建设、雨污水管网混错接改造。灵活选取微地型、屋顶绿化等措施，建设可渗透路面、绿地及雨水收集利用设施，利用腾退土地、公共空间增加绿地等软性透水地面，推进海绵化改造。对破损严重、材质落后的供水管道和不符合技术、卫生和安全防范要求的加压调蓄供水设施、消防设施、应急设施等进行更新改造。对管线混杂、供电能力不足的电力基础设施进行改造。对达到使用年限、存在跑冒滴漏等安全隐患的燃气、供热管网实施维修改造。推进相邻居住区及周边地区统筹建设、联动改造，推动各类配套设施和公共活动空间共建共享。统筹考虑社区应急避难场所和疏散通道建设，确保符合应急防灾安全管控相关要求。

2. 推进无障碍环境建设

住宅和公共建筑出入口设置轮椅坡道和扶手，公共活动场地、道路等户外环境建设达到无障碍设计要求。具备条件的居住区，实施加装电梯等适老化改造。对有条件的服务设施，设置低位服务柜台、信息屏幕显示系统、盲文或有声提示标识和无障碍厕所（厕位）。持续开展无障碍环境创建工作。

3. 完善居住区环卫设施

完善居住区垃圾分类配套设施。在小区出入口附近或开敞地带等合理设置垃圾箱房、垃圾桶站等生活垃圾分类收集站点，方便机械化收运和作业。优先改造利用原有收集点，有条件的可设在架空层等公共空间内。确保生活垃圾分类收集容器功能完善、干净无味、标识清晰规范。

4. 优化"十五分钟生活圈"公共空间

建设全龄友好的完整社区。统筹配置社区公园、多功能运动场，结合边角地、废弃地、闲置地等改造建设小微绿地、口袋公园，完善公共游憩设施，确保在紧急情况下可转换为应急避难场所。建设联贯各类配套设施、公共活动空间与住宅的社区慢行系统，因地制宜选择道路铺装，完善夜间照明。结合全民健身，合理设置社区绿道。

专栏7：城市居住区市政配套基础设施补短板工程

"十四五"期间，加大力度改造城市建成年代较早、失养失修失管、市政配套设施不完善、社会服务设施不健全、居民改造意愿强烈的老旧住宅小区，基本完成2000年底前建成的21.9万个需改造城镇老旧小区改造任务。

（八）城市燃气管道等老化更新改造行动

在尽快全面摸清城市燃气管道老化更新改造底数的基础上，各地要督促省级和城市行业主管部门分别牵头组织编制本省份和本城市燃气管道老化更新改造方案，建立健全适应改造需要的工作机制，切实落实企业主体责任和地方政府属地责任。以材质落后、使用年限较长、存在安全隐患的燃气管道设施为重点，全面启动城市燃气管道老化更新改造工作，到"十四五"期末，基本完成城市燃气管道老化更新改造任务。对超过使用年限、材质落后或存在隐患的供水管道进行更新改造，降低漏损率，保障水质安全。实施排水管道更新改造、破损修复改造，改造易造成积水内涝问题和混错接的雨污水管网，因地制宜推进雨污分流改造，基本解决市政污水管网混错接问题，基本消除污水直排。加快推进城市老旧供热管网改造工作，对使用年限较长的老旧供热管道进行更新改造，对存在漏损和安全隐患、节能效果不佳的供热一级、二级管网和换热站等设施实施改造。

城市人民政府要切实落实城市各类地下管道建设改造等的总体责任，加强统筹协调，优化项目空间布局和建设时序安排，统筹加快推进城市燃气管道等老化更新改造，做好与城镇老旧小区改造、汛期防洪排涝等工作的衔接，推进相关消防设施设备补短板。在城市老旧管网改造等工作中协同推进城市地下综合管廊建设，在城市新区根据功能需求积极发展干、支线管廊，合理布局管廊系统，加强市政基础设施体系化建设，促进城市地下设施之间竖向分层布局、横向紧密衔接。

五、保障措施

（一）落实工作责任

地方各级人民政府要明确本地区目标任务，制订实施方案，统筹发展和安全两件大事，落实城市基础设施建设重点任务和重大工程，激发全社会参与规划实施的积极性，最大限度凝聚全社会共识和力量。城市人民政府是城市基础设施规划建设管理的责任主体，要建立住房和城乡建设、发展改革、财政、交通、水利、工信、民政、广电、能源等多部门统筹协调的工作机制，主动担责、积极作为，形成工作合力。省级人民政府要加大指导、组织、协调、支持和监督力度，并出台具体政策措施，推动区域、城市群、城乡基础设施共建共享。住房和城乡建设部、国家发展改革委等部门要加强统筹，做好顶层设计，加强对本规划实施的支持、协调和督导工作，建立健全实施评估等保障机制。

（二）加大政府投入力度

加大对城市基础设施在建项目和"十四五"时期重大项目建设的财政资金投入力度。通过中央预算内投资、地方政府债券、企业债券等方式，对符合条件的城市基础设施建设项目给予支持。各级人民政府按照量力而行、尽力而为的原则，加大对城市基础设施建设重点项目资金投入，加强资金绩效管理，完善"按效付费"等资金安排机制，切实提高资金使用效益。

（三）多渠道筹措资金

创新资金投入方式和运行机制，推进基础设施各类资金整合和统筹使用。鼓励各类金融机构在依法合规和风险可控前提下，加大对城市基础设施建设项目的信贷支持力度。区别相关建设项目的经营性与非经营性属性，建立政府与社会资本风险分担、收益共享的合作机制，采取多种形式，规范有序推进政府和社会资本合作（PPP）。推动基础设施领域不动产投资信托基金（REITs）健康发展，盘活城市基础设施存量资产。各级人民政府要结合本地实际，制定出台相关政策措施，鼓励社会资本参与基础设施建设、运营维护和服务。鼓励民间投资以城市基础设施等为重点，通过综合开发模式参与重点领域项目建设。

（四）建立城市基础设施普查归档和体检评估机制

以城市人民政府为实施主体，加快开展城市市政基础设施现状普查，摸清底数、排查风险、找准短板；建立城市基础设施地理信息系统（GIS），实现基础设施信息化、账册化、动态化管理。制定评价指标体系和评价标准，结合社会满意度调查开展常态化的基础设施体检评估工作，总结建设成效、质量现状、运行效率等，精确查找问题短板，提出有针对性的提升措施，纳入基础设施建设规划及实施计划，形成集预警、监测、评估、反馈于一体的联动工作机制。

（五）健全法规标准体系

加快推进城市基础设施建设领域立法研究工作。从加强统筹地下管线等基础设施规划、建设和管理，提高基础设施绿色化、整体性、系统性的要求出发，加快完善城市轨道交通、排水防涝、垃圾分类、海绵城市、综合管廊、生态基础设施、新型城市基础设施以及城市基础设施安全保障与灾害应急管理等重点领域的法规和标准规范。按照行政审批改革要求，及时调整不符合"放管服"要求的现有法规和标准规范，加快建立健全全方位、多层次、立体化监管体系，实现事前事中事后全链条全领域监管，提高监管效能。

（六）深化市政公用事业改革

加快推进市政公用事业竞争性环节市场化改革，进一步放开水、电、气、热经营服务市场准入限制。在城市基础设施领域要素获取、准入许可、经营运行、政府采购和招投标等方面，推动各类市场主体公平参与。推动向规模化、集约化、跨地区经营方向发展，促进行业提质增效。深化市政公用事业价格机制改革，加快完善价格形成机制。逐步建立健全城市水、电、气、热等领域上下游价格联动机制，建立健全价格动态调整机制。强化落实污水处理费动态调整机制，加快构建覆盖成本并合理盈利的城市固体废弃物处理收费机制。清晰界定政府、企业和用户的权利义务，建立健全公用事业和公益性服务财政投入与价格调整相协调机制，满足多元化发展需要。

（七）积极推进科技创新及应用

加强城市基础设施关键技术与设备研发力度，坚持创新驱动，推动重点装备产业化发展。推动海绵城市建设、新型城市基础设施建设、地下基础设施安全运行监测等相关技术及理论创新和重大科技成果应用，积极推广适用技术，加大技术成果转化和应用力度。建立完善城市基础设施企业主导的产业技术创新机制，激发企业创新内生动力；健全技术创新的市场导向机制和政府引导机制，加强产学研协同创新，引导各类创新要素向城市基础设施企业集聚，培育企业新的增长点，促进经济转型升级提质增效。加强城市基础设施规划、建设、投资、运营等方面专业技术管理人才培养力度。大力发展职业教育和专业技能培训，提高从业人员职业技能水平。

附录三 《成都市未来公园社区建设导则》之智慧韧性建设

表 C-1 《成都市未来公园社区建设导则》之智慧韧性建设

智慧韧性建设	智慧管控	智能感知设施设备	全面梳理整合社区内现有物联感知资源,科学规划,合理布局,加快推进本地感知终端建设和应接尽接,依托市物联感知中心,建设本级物联感知平台,实现对各类业务场景应用的全面支撑。实现社区内公共空间环境感知智慧设施覆盖率100%,增加防洪排涝智慧感知设施,地震监测和预警信息覆盖率达80%,建设5G基站,实现5G信号全覆盖,且应超前预留传感设施接口;视频监控覆盖率100%。既有社区应积极推进加装物联感知设备
		CIM平台及BIM技术应用	针对新建类和更行改造类社区,应应用BIM技术支撑未来公园社区CIM平台和系统的建设。根据社区实际情况,可一个或多个社区配建一个智慧服务大厅作为社区CIM平台的空间载体,智慧服务大厅可结合社区综合体配置。依托社区CIM平台,建设符合社区人群需求的智慧应用场景。可涵盖交通管理、应急管理、智慧公安、生态环保、水务管理、智慧社区等不同领域,构建跨部门、跨区域、跨层级智慧应用场景。既有社区可多个社区合建智慧服务大厅,根据社区情况,搭建智慧应用场景。新建类社区应全部应用BIM技术开展设计工作,应涵盖建筑、结构、给排水、市政等专业BIM模型,且满足成都市相关技术规定

智慧韧性建设	智慧物业	物业服务设施	社区内应配建物业服务用房、业主委员会用房及天府智慧小区信息设备机房。其中物业服务用房宜配置物业办公与接待用房、物业清洁及绿化管理用房、物业储藏用房、工程维保中心用房室等功能管理性用房。天府智慧小区信息设备机房可多个社区合用。物业服务类设施用房所在楼层若高于二层，则需配置电梯。既有社区鼓励整合多个社区资源，共同配建物业服务类设施用房，建设标准应和新建类保持一致，面积可根据社区实际情况核定
		功能配套设施	社区内应配建快递服务用房、智能快件箱、无接触送餐柜等功能配套设施，并配置相应监控设施，实现功能配套设施周边监控无死角覆盖。快递服务用房宜配置等候空间、分拣空间、消毒室等，且应配备与空间面积相适宜的消防设施、设备与器材。除此之外社区内还应配置周界防护设施、住户安防设施、公共区域安防设施以及监控中心。既有社区考虑到用地紧张等问题，可整合多个社区资源，共同配建功能配套类设施用房，建设标准应和新建类保持一致，面积可根据社区实际情况核定
	安全韧性	应急避难场所	城市社区应急避难场所选址应优先选择地势较高、有利于排水、空气流通、具备一定基础设施的公园、绿地、广场、学校、体育场馆等公共建筑与设施。应急避难场所内应具备满足应急避难场所内人员基本生活需求的供水、供电、通信、环卫等设施，功能分区应满足现行国家规范中的要求。应急避难场所场地周围尽量不采用固定式围墙，改为植栽或地跨栏，增强可达性。社区周边、入口处和各功能分区处应明显设置避难指示标识。避难标识包括综合减灾平面示意图、疏散导向标志、成都综合减灾标识、避难场所标识等
		防灾减灾基础设施	新建类社区应加强社区防灾减灾设施建设，可结合社区综合体配建社区应急物资储备间、应急通信指挥终端、地震防灾预警设备等防灾减灾设施，增强城乡社区综合服务设施应急功能；在社区内应配建微型消防救援站，可结合社区文化活动中心或党群服务中心建设社区安全教育服务站；更新改造类社区应利用既有空间进行改造，配建相应的防灾减灾基础设施

智慧韧性建设	社区服务	社区智慧水务	新建类社区应加强智慧水务设施的建设,通过水情测报设施、安全监测设施、气象水文监测设施等设备,聚焦社区防汛减灾和水资源调度,搭建全域感知、动态监测、精准调控、协同管理和高效应用的智慧水务平台,打造社区智慧水务应用场景,推动"供排净治"一体化;乡村类社区应依托智慧水务建设灌区一张图,对农业用水、渠系供水实现精准调度。更新改造类社区不做具体要求
		党群服务中心	社区应结合社区综合体配建党群服务中心,党群服务中心宜整合党建、治理、服务等多种功能,合理划分政务服务、党群活动、综合治理、协商议事、文体康养等功能区域,有条件的还可设立老年食堂、青年创客中心等特色服务场所。结构形式有条件宜采用大跨度结构形式,可分时提供给社区举办大型活动,例如社区联谊会、社区婚礼等。既有社区可通过原有公共空间功能置换或多个社区共同配建一处党群服务中心,面积可根据实际情况核定
		社区综合体	社区综合体建筑形式、色彩等应根据实际情况体现出多样性、差异性和适宜性,鼓励采用立体绿化、景观化立面处理等方式突出公园社区特质。除配置应能满足社区居民基本需求的社区管理、社区服务、文化休闲、医疗卫生、社区商业等基本功能业态外,社区综合体内部的功能业态设置时还应充分征求社区居民意见,由社区对辖区居民的服务需求进行摸底调查后,在社区综合体内精准配置,提供满足全龄段居民所需的特色公共与生活服务。例如社区共享厨房、社区图书馆、社区健身房、居民议事厅、党群服务中心等。功能性空间配建面积应根据社区实际情况进行核定。既有社区可根据片区情况,整合多个社区资源,合建社区综合体

附录四　成都市"十四五"应急体系规划重大工程项目表

表 D-1　成都市"十四五"应急体系规划重大工程项目表

项目名称	主要任务	建设期限
（一）智慧应急工程	1. 城市安全风险综合监测预警平台。围绕城市生命线、生产安全和自然灾害等重点领域，按照"1+1+3+N"总体框架搭建城市安全风险综合监测预警平台，即建设"1"个城市安全感知网接入系统，绘制"1"个城市安全全景图时空专题，构建"3"个"能监测、会预警、快处置"城市综合安全功能框架，打造"N"个城市生命线工程示范场景，制定城市安全风险监测预警体系建设标准规范，建成集动态实时监测、综合分析研判、精准分级预警于一体的城市安全风险智能防控体系	2025
	2. 智慧消防平台建设工程。采用"1+4+N"建设模式，搭建 1 个基于大数据中心的一体化、分布式"智慧消防大脑"中枢管控平台，完善智能化火灾风险预警、综合调度指挥、消防一网通办、消防业务助理 4 个支撑系统，拓展 N 个基于智慧消防平台的各类细分应用"大市场"，构建开放共享、易于迭代的新型信息化架构，规范业务系统建设标准，实现信息资源共享、精准动态感知、实时分析决策，推动形成高效运行的"智慧消防大脑"	2025
（二）灾害防御能力提升工程	3. 自然灾害综合风险普查工程。开展自然灾害风险要素全面调查，全面获取主要灾害致灾因子、承灾体、历史灾害等方面的信息，摸清灾害风险隐患底数；开展综合减灾资源（能力）全面调查，查明区域内抗灾能力。开展主要灾害风险评估和综合风险评估，编制市、区（市）县、镇（街道）、村（社区）自然灾害系列风险图和综合减灾信息图。编制市、区（市）县、镇（街道）、村（社区）主要灾种区划、综合风险区划和灾害综合防治区划。形成自然灾害基础信息数据库和自然灾害防治工作报告	2022

项目名称	主要任务	建设期限
（二）灾害防御能力提升工程	4. 自然灾害防治重点工程。实施重点生态功能区修复工程，加快推进生态气候动态评估，构建"两山、两网、两环、六片"的国土空间保护格局。开展沿山地震影响较大区域房屋设施加固工作。严格执行新建房屋抗震设防等级，相关新建、扩建、改建工程按照国家有关规定和工程建设强制性标准进行抗震设防。实施防汛抗旱水利提升工程，推进中小河流治理及沱江流域、南河三江片区防洪能力提升，实施中心城区防洪能力提升工程、龙门山（成都）山洪防治提升工程。实施极端天气预报水平和应对能力提升工程，健全超大城市极端天气立体智能感知网，推进极端天气机理研究和预报预警服务系统建设，提升灾害性天气公共防御指引能力。实施地质灾害综合治理和避险移民搬迁工程，重点对威胁集镇、学校、聚居点等人口密集区及重要基础设施安全且难以实施避险搬迁的地质灾害隐患点进行工程治理	2025
	5. 自然灾害防治技术装备现代化工程。支持高校院所、科研机构和企业开展操作性强、实用性强、技术先进的自然灾害防治技术装备研发。加强应急产业培育，重点发展监测预警、灾害防治、救援装备、应急救助、救援人员防护等应急产品。做实做优淮州新城成都安全应急产业园，打造具有竞争力的应急产业集群	2022
（三）城市安全运行能力建设工程	6. 重点行业领域治本攻坚工程。合理规划城市能源设施、危险化学品仓储配送企业等空间布局，严格落实安全防护距离。实施城镇人口密集区危险化学品和化工企业生产、仓储场所搬迁，推动高危企业进区入园。编制实施危险化学品"禁限控"目录。淘汰不具备安全生产条件的落后产能，持续推进高风险岗位"机械化换人、自动化减人"。实施公路安全生命防护工程、"千灯万带"示范工程，优化道路交通安全条件。加强BIM装配式建筑技术、"智慧工地"在建筑施工行业的应用，开展工程施工损坏地下管线专项整治。推进城市地下综合管廊建设	2025
	7. 城市安全风险辨识评估。持续开展建筑施工、交通运输、人员密集场所、化工和危险化学品等10个重点行业领域和石油天然气、电力、给排水、公路轨道4大城市生命线工程安全风险评估，形成城市安全风险源清单，编制发布并实时更新城市安全风险白皮书，绘制安全风险电子地图。升级城市安全风险信息管理系统，实现安全风险动态监测、预警和分级管控辅助决策。积极构建风险分级管控和隐患排查治理双重预防控制体系，推进风险差异化监管、隐患动态整治	2025

项目名称	主要任务	建设期限
（三）城市安全运行能力建设工程	8. 城市体检。按照突出重点、群众关切、数据可得的原则，从生态宜居、健康舒适、安全韧性、交通便捷、风貌特色、整洁有序、多元包容、创新活力等 8 个方面开展城市体检	2025
（四）应急救援能力提升工程	9. 成都市安全生产（危险化学品）应急救援基地。推进成都市安全生产（危险化学品）应急救援基地运行保障能力和战训装备建设，建设中国石油四川石化公司专业救援力量，建设国家危险化学品应急救援成都基地综合大队和成都市政府专职救援队	2025
	10. 国家西南区域应急救援中心。推进"一个机构、四个基地"建设，即建设"一个"区域应急指挥部和综合救援基地、物资储备基地、培训演练基地、航空保障基地等"四个"基地，加强航空尖兵建设，打造具备指挥协调、综合救援、培训演练、物资储备和航空保障等功能的区域专业救援尖刀拳头力量，充分发挥突击攻坚、控制局面、稳定人心和保障抢险救援行动等关键作用	2023
	11. 应急救援力量建设工程 （1）应急救援队伍建设。建强综合性消防救援队伍，实施综合性消防救援装备现代化工程，升级个人防护装备，补齐通用救援装备。组建 23 个区（市）县综合应急救援队伍，新建 5 个二级乡镇专职消防队。建成 5 支市级应急救援尖刀队。组建 261 支镇（街道）应急队、3 043 支村（社区）应急分队，开展灾情侦查、通信保障、先期救援和指导灾区自救，提升应急救援快速响应水平 （2）应急救援能力提升工程。合理配备消防车辆，加强大流量大功率城市主战消防车配置，加强地下空间（隧道）、高层建筑、地震等专业救援装备建设。提档升级成都消防训练基地，充实实战化训练设施，新建水域事故、室内烟火特性和高空救援等训练设施。完成市县两级应急指挥中心场所和配套设施建设，优化提升值班值守、信息处理、辅助决策、协同会商、指挥调度功能	2022
	12. 巨灾情景构建。针对全市灾害事故主要类型，构建巨灾模拟场景，通过"情景+应对"，强化政府部门和各类救援力量的协调协作，系统提升巨灾应对处置能力	2025

项目名称	主要任务	建设期限
（五）综合应急保障工程	13. 应急物资储备保障工程 （1）应急物资储备库。完善"市县镇（街）"三级应急物资储备网络，合理确定应急物资储备种类和规模。加快推进市、县级应急物资储备中心仓库重点项目建设，保证每个区（市）县配备 1 个综合应急物资储备库，每个镇（街道）配备 1 个应急物资储备点 （2）应急物资保障大数据平台。构建基于多方面参与、多领域融合的应急物资大数据平台。汇总各级政府储备、社会储备、协议储备等应急物资储备信息，形成市、区（市）县、镇（街道）三级应急物资储备数据库	2025
	14. 应急通信保障工程。建设应急指挥专网，构建市、区（市）县两级上下贯通，应急管理部门、涉灾主管部门、驻蓉部队、重点救援队伍横向互联的应急指挥信息网。建设应急指挥无线通信系统，建设动中通卫星系统和高通量卫星通信系统，搭建应急专用卫星网络；完成动中通卫星指挥车配备，配置应急专用 370 兆移动基站和移动终端，建设甚小孔径终端（VSAT）卫星通信远端站，实现关键场所应急通信信号覆盖；建成应急指挥可视化融合平台，加强重点应急救援队伍卫星便携终端配备，提升可视化指挥、卫星通信和窄带通信能力。建设通信网络多路由、多节点和关键基础设施的容灾备份体系，确保突发事件和极端灾害情况下通信畅通。在自然灾害重点防御区域的镇（街道）、部分重点村（社区）配备卫星通信电话。建设 8 支区（市）县应急通信保障队伍	2025
	15. 紧急运输保障工程。 （1）实现应急物资运输路线"一张图"。到 2025 年，实现成都市各区（市）县全覆盖，形成网格化路线图 （2）推进全市应急保通中心建设。建设成都市级应急保通中心，储备公路抢通保通重要战略战备物资，强化应急保通能力	2025
	16. 应急避难场所建设工程。利用学校、广场、公园、绿地等公共场所，合理布局应急避难场所。在自然灾害多的地方，建设具备应急指挥、物资储备、人员安置等功能于一体的综合性应急避难场所。制定应急避难设施管理办法，设置统一、规范的自然灾害应急避难场所标志。规划建设 23 个一类应急避难场所和一批简易应急避难场所，实现人均应急避难场所面积不低于 2 平方米	2025

项目名称	主要任务	建设期限
（五）综合应急保障工程	17. 应急科技人才支撑工程。加强引进和培养安全生产、应急管理等领域高层次人才，推动韧性城市应急管理工程实验室建设。推动建设自然灾害监测预警国家或省级重点实验室，开展多灾种和巨灾预警技术研究，推动灾害预警技术在人员密集场所和高风险场所推广应用。建设粉尘防爆实验室，推动粉尘防爆治理技术应用	2025
（六）应急社会动员工程	18. 安全应急科普场馆建设工程。建设 1 个市级防灾减灾主题公园。按照每百万人口应建设 2.5 个安全应急体验场馆的标准，各区（市）县至少建成 1 个特色主题安全应急体验中心或防灾减灾体验馆，构建面向特定行业的应急救护培训体系，常态开展应急体验、安全教育、救护培训等活动。推动社区级安全教育服务站建设，不断完善安全教育基层服务网络。到 2025年，累计创建市级安全文化建设示范单位 350 家、省级 35 家、国家级 15 家。各区（市）县建成安全应急文化主题公园、主题车站、主题广场或主题街区 1 个以上	2025
	19. 综合防灾减灾示范工程。新创建 15 个"全国综合减灾示范社区"；力争创建 1 个全国综合减灾示范县；每个村（社区）至少配备 2 名灾害信息员	2025
	20. 社会基础应急能力强健工程。建立家庭应急物资储备建议清单，引导家庭配备基本应急物资和救生避险装备。基本实现重要公共场所和特色行业配备基本急救设备及自动体外除颤仪（AED）	2025
	21. 公共应急广播系统建设工程。建设公共应急广播系统，加快部署应急广播接收终端，实现终端的自动唤醒和强制播出。开展农村应急广播使用人员培训和信息发布演练	2025

后 记

近年来，伴随着地震、干旱、暴雨、泥石流等自然地质灾害、突发性公共危机和"黑天鹅"事件的发生，城市发展遭遇了前所未有的冲击。面对这些问题，一些超大城市由于抵抗风险能力较弱，韧性不足，放慢了城市发展的步伐。在学术研究领域，韧性理论被引入城市治理领域并成为新的学术研究热点，特别是随着"韧性城市""韧性社区"研究日臻成熟，韧性治理被普遍认为是一种更具自主性、适应性和变革性的可持续治理思路，为超大城市治理实践和治理理念更新提供了新的视角。

作为一名青年科研人员，我一直在找寻我所工作和生活的这座城市——成都的魅力和创造力。工作中、生活上，我体会到了成都"创新创造、优雅时尚、乐观包容、友善公益"的天府文化。成都超大城市韧性治理，对我而言既是工作，也是融入城市生活的一方面。

本书的撰写缘起于我主持的"成都市哲学社会科学规划办年度项目"。经过两年时间的潜心研究，我对于全周期视野下超大城市韧性治理有了丰富的调研数据，在此基础上我运用理论分析与实践分析相结合的方法，对超大城市韧性建设展开研究——通过对超大城市建设框架的构建，为我国未来城市韧性提升和推进韧性城市建设提供参考。

本书作为研究城市发展的实践之作，也是给予我指导的实践部门领导和专家学者意见的智慧结晶。在此，我要感谢在撰写过程中给予我指导和帮助的专家学者、老师和同学。感谢你们的精心指导和无私帮助，感谢你们一路上的鼓励与陪伴。还要感谢本书匿名评审人的宝贵意见。

城市作为人的生活和工作地，也是人的心灵归属地。让我们都能在这座最具幸福感的城市，幸福地生活！

王海蓉

2024 年 5 月于成都